超人脈術，

遇見我的

百萬美金貴人！

瑞昇文化

序

我希望能夠一舉成功！
我希望能夠提高業績！
我希望擁有蓬勃的商機！
我希望擁有豐富的人生！
我希望能夠認識很多人！

本書是專為熱切懷抱以上希望的人而寫的！

不論人生或是商場上，「人」可以說是最大的關鍵。

拓展機會的主要關鍵在於「人」，對你的人生規劃可以提供建言的也是「人」，支持你完成人生志願與夢想的，更是「人」……。

人生旅途中，究竟會遇到哪些人？這些人對你的人生又將造成怎樣的影響？換句話說，你的一生是如何創造人脈的呢？

這一點不僅將決定你在事業上是否能夠如魚得水，甚至也將決定你是否擁有一個豐富的人生？

在我成為超級業務員的時候，甚至在我想要獨立創業時，以上的觀點是我深信不移的信念。

不論在任何範疇上，光靠努力不懈不見得一定可以成功。

能否認識有能力的人？彼此是否能夠互助合作？是否能夠因為認識有能力而且能夠**讓自己成長的人脈，將攸關你的人生與事業**的成敗。

我現在每天來回奔波於日本各地，為大小企業舉辦講習或業務方面的培訓課程，同時在2005年創立「行銷支援顧問股份有限公司」（MSC），幫助客戶推動電話行銷業務。**演講方面也創下高達98．6%的客戶滿意度的記錄**，在電話行銷業務方面也創下超高標準成效，各界的好評如雪片般飛來。

此外，在這段期間我相繼推出十本以上的著作，而且每一本都成為暢銷書籍。

在短短的三年期間，我之所以能夠有如此出人意料的表現，完全都要歸功於「認識各行各業的菁英，在他們的協助下，讓我學習到更多事物」。

我在獨立創業之前，曾經是某公司的超級業務員。當時我擔任業務經理，在五年當中，由零開始，把我的部門營業額提升了二十倍（年營業額達到二十億），不僅在公司內得到崇高的地位，並且也獲得相對的報酬。

如果真要探究我成功的原因，其實我依賴的就只有一個——人脈。

也就是說，我一向就懂得**自我推銷**，**經營人脈**，才能夠擁有這種成果。

但是，當我為自己下這個定論的時候，卻總是會聽到不以為然的聲音：

「那是吉野老師才辦得到，像我這種人就絕對做不來！」

我絕對不贊同這種說法。我一手培訓的業務員當中，許多人原本就是毫無業務經驗的家庭主婦，但是他們卻能共同創下高達二十億的營業額，許多人更晉身為超級業務員。

在這本書當中，我將會把經過實戰經驗所累積的各種專業知識告訴各位，有些方法可能是你從來沒有想過的，甚至可能讓你感到驚訝不已，但是其中卻沒有任何艱深難懂的方法。

例如我所開發的「吉野式業務手段」，對任何人而言都可以很輕易就上手。

所以，千萬別說「從明天開始」或是「從今天開始」，我希望你能夠「從現在就去做」，一定可以出現驚人成果。千萬別只是看完這本書就算了，而是要**身體力行才能夠產生成效，也才能夠改變你的人生**。

第1章的重點是「哪種理想的人脈可以使你的能力更得以發揮，使你的人生更加豐富」，第2章則是建議你「利用思考方式與生活方式來建構理想的人脈」；最後再提出具體的方法，例如：「如何讓別人留下深刻印象」、「利用名信片、電子郵件奠定人脈基礎」；接著更進一步介紹「吸引對方想進一步和你交談的成功說話術」，最後更具體介紹「宴會成功術的7種習慣」。

誠摯的希望這本書能夠讓你的人生更加豐富，並且幫助你擁有更輝煌的成功。許多參加過我的研討會的學員，試著做過我在這本書上所介紹的一些訣竅，令他們大感驚訝的是，他們從沒想過居然能獲得驚人的成效，並紛紛來信向我致謝。

我衷心期盼也能夠接到各位讀者給我來信！

吉野真由美

超人脈術，遇見我的百萬美金貴人／目錄

第1章◆創造這樣的人脈？

第2章◆思考方式與生活方式可以建構理想的人脈

第3章◆讓自己成為「高高在上的人」會謹記在心的人！

第4章◆利用名信片、電子郵件奠定人脈基礎

第5章◆吸引對方想進一步和你交談的成功說話術

第6章◆全力拓展人脈！吉野式研討會（宴會）成功術

序章

人脈是人生與事業的致勝關鍵

人生就像一齣電視劇

我非常愛看電視劇。

電視劇比電影更吸引我的地方，是因為電視劇可以把人生百態刻劃得栩栩如生。碰到劇情進入高潮的時候，我甚至會調整我的工作行程，盡可能早一點回家守在電視機前面。

我認為看電視劇的最大優點，就是能夠學習到人際關係，並且有助於提升自己的溝通能力，所以我常力勸親朋好友一定要看電視劇。

有一天，我突然發現到一件事。

人生，就像一齣一個小時就結束的電視劇！

假如你是一個專門創作一小時喜劇的電視劇作家，你將會如何安排故事情節呢？

開始的25分鐘左右，劇情一定要曲折迂迴、高潮迭起，讓觀眾屏氣凝神，全神貫注於劇情的發展，到了25～40分左右，整個劇情發生大逆轉，更加吸引觀眾，讓觀眾無法轉台。

接著，整個劇情不斷擴展膨脹，進入高潮，最後把主角捧為最閃亮的明星。

劇中情節任憑劇作家恣意揮灑，最後再來個快樂結局（happy ending），讓觀眾在快樂氣氛中留下美好的回憶。

沒錯，人生就如同這個道理。

假設人生是以六十歲為一個段落的話，不就正好符合一齣六十分鐘的電視劇嗎？

以電視劇而言，中段的25～40分鐘是最重要的勝負時段！

人生亦是如此，如何讓自己在25～40歲的中段期間推向高潮是很重要的！

只要能夠把自己推向高潮，接下來自然可以水到渠成步入人生巔峰。

換言之，25～40歲的生活態度將是決定劇情發展的重要關鍵，也足以決定人生的發展！

這種說法絲毫也不為過。

反之，如果在這段期間無法將自己推向高潮的話，接下來或許就很難步入人生巔峰……。

現在就請你試著把自己的年齡換算為時鐘的分針位置。

25歲相當於25分。

30歲就相當於分針指著30分。

40歲則相當於40分……。

看著分針的位置是否讓你膽戰心驚呢？

這時候很多人都會產生以下的念頭：

「我絕對不可以再渾渾噩噩過日子，更不能輕易放棄！」

「從現在開始，我一定要振奮起來！」

本書所要介紹的，就是**教你把自己推向人生巔峰的具體方法**。

你知道什麼東西可以讓我們的人生劇場顯得豐富且多彩多姿嗎？

如果是電視劇的話，劇中人物就是最重要的因素。

由此可知，在人生劇場中，人脈也就是我們與別人的互動關係，當然就攸關整個人生的劇情。

不同的劇中人物可以鋪排出不同的劇情，同樣的，不同的人脈當然可以造就不同的人生。

人生就如同一齣電視劇

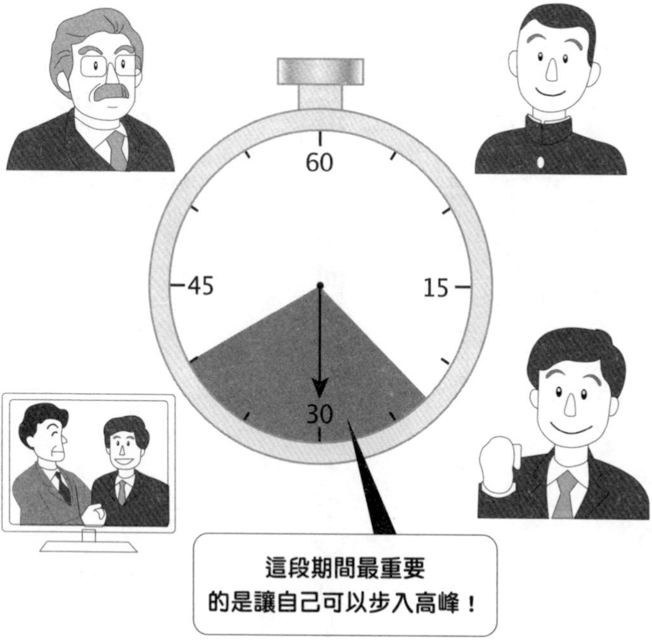

是否能在25～40歲之間讓自己步入高峰，將會對人生產生重大影響，其中最大的關鍵就在於「人脈」。

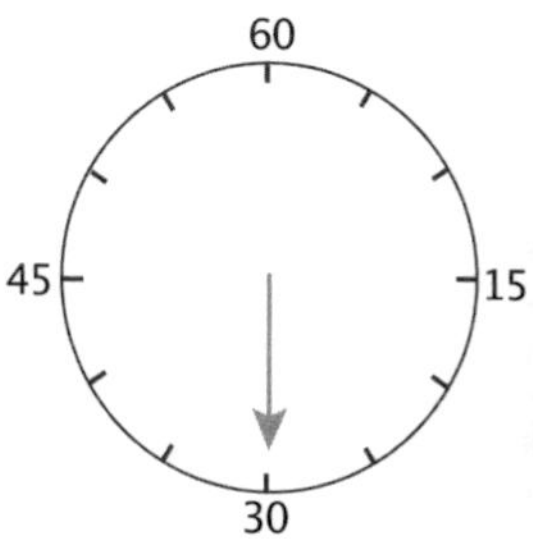

在自己的「時間刻度」上劃出箭頭標示。

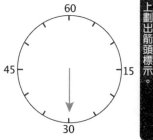

不同的人生際遇會使人生的品質有著不同的轉變。

所以，如果希望自己的人生戲劇可以推向高潮，並且攀登高峰的話，最重要的因素就是要遇到「對的人」，也就是必須讓許許多多「對的人」相繼登場。

而且我們也要懂得向這些「對的人」學習，學會接受他們對我們的忠告。

即使偶爾可能會受到他們的斥責，也必須認定這只是人生當中的磨練……。

人生不能重來，如何讓自己的人生綻放光彩？

人生根本不能重來。

它有如一張單程車票，並不是來回票。

一到60歲，就無法再重新來過了。

但是，有一天我突然有了一個重大發現，

發現一個可以讓人生存活兩百或三百年的方法！

這個方法就是和許多優秀人才建立人脈，虛心接受他們智慧累積所提出的建言，就可以讓我們的人生延長兩倍甚或三倍。

五十歲的人把他的三十年歲月所學到的精華，一股腦的傳授給我們。

四十歲的人根據他職場上的二十年經驗，向我們提出精準的看法。

六十歲的人以他活過六十年的經驗，告訴我們應該注意的事項……。

這些人的人生歷練都是讓我們學習吸收的寶貴經驗，只要能夠吸收與實踐，我們的人生就可以更精彩豐富達兩倍甚或三倍。

因此，千萬別只是等待別人自動上門，應該自己自動去尋找，甚至主動創造相遇的機會。

自己主動創造相遇的機會，

首先就是要自行採取行動，跨出第一步，

一切才能由此展開序幕。

接下來，我將要談到的是我如何利用人脈，做了人生中最正確的選擇，並讓自己的人生步入正確的方向。

如何避免在人生旅途中迷路

2005年六月，我站在人生的分叉路口，不知該如何選擇而讓我困惑不已。

當時我還未獨立創業，而是任職於某公司，並且擔任重要職務。

大約在十二年前，我因緣際會成為業務員，並且為公司創下極佳的業績，後來得以擔任業務經理一職，在努力經營與嚴格磨練之下，五年之內我把業務部門的營業額提升到二十倍（年營業額達到二十億），讓我得以晉升為資深經理的地位，不但獲得極高的評價，報酬方面也令我相當滿意。

當時我曾經想過，只要留在這家公司，我的人生應該還不至於發生太大的差池，也就是抱著「大樹底下好乘涼」的心態來保有一切。

但是，內心深處卻不斷有一個聲音呼喚我：

「留在這家公司的話，並不能做自己想做的事，

人生並不能重新來過，

難道我的人生真的只是這樣嗎？」

最大的關鍵就在於我的出書計劃受阻。

新年開春的時候，我曾經向董事長與總經理報告過，我將會以我的名字「吉野真由美」出版一本與業務有關的書籍，並獲得他們允許之後，我才積極展開整個出版作業。但是，正當我把稿子寫完，由出版社完成排版，並送給我校對時，公司方面突然告知我不得出書，他們的理由居然是：

「公司方面有不得不的理由……」

我的個性是凡事講求原則與順序，當初既然應允我出書，如今卻出爾反爾，讓我對出版社也難以交代，這才是最讓我難以釋懷之處。

這件事讓我深刻感覺到，此時正有兩條路出現在我眼前。

一條是留在這家公司，過著安泰平穩的日子，但是必須壓抑自己的願望與志向。

另一條路是憑著過去推展業務的手腕與專業知識，我對自己的能力有十足的信任，相信藉由這個機會獨立創業的話，必可以創下一番局面。

但是，誰也不能保證這一定是一條安全的康莊大道，或許是一條滿佈荊棘的坎坷路途也說不定。

只要做出選擇的話，就毫無退路可言了……。我該怎麼抉擇呢？

正當我快要想破頭的時候，突然一個念頭閃過。

我根本不必獨自一個人想破頭啊！

我應該去聽聽一些前輩的看法！

直接說出我的問題，讓他們給我一些建議，

不過，他們也很可能會嚴厲斥責我……。

我的腦袋之所以會閃過這個念頭，是因為有許多人曾經走過這條路，所以，我告訴自己：

「既然我的煩惱在於要不要獨立創業，

我就應該去請教那些曾經在企業界闖出名號，

後來又自行創業並經營成功的人，聽聽他們的意見才對！」

於是，我的腦袋出現一個搜尋用的關鍵詞「在企業界闖出名號，後來又自行創業並經營成功的人」。

我試著在腦袋中的人脈地圖進行搜尋。

這時候，四個人的面貌浮現在我的眼前。

第一位是設立人材培訓公司的Achievement股份有限公司的**青木仁志先生**。

青木先生和我一樣，都是以教材業務起家，所以，我認為他一定可以了解我的立場與能力，並為我提供合適的意見。

第二位是非常著名的行銷顧問**I先生**。

I先生原本是企業人材培訓公司的超級業務員，後來從事代理公司，並獨立創設行銷顧問公司。

第三位就是日本商業系統股份有限公司的**牧田幸弘社長**，牧田社長原本是日本IBM公司的超級銷售經理人。

他在一念之間離開IBM公司，自行創立電腦公司，所以在創業期間應該也嘗盡各種酸甜苦辣，而且牧田社長大概從我二十幾歲就已經認識我了。

第四位就是日本最大的美術品銷售公司——ART VIVANT股份有限公司的**野澤克巳社長**，他一手創立ART VIVANT，並且順利讓公司公開上櫃。

決定好聽取這四位人士的意見之後，我開始展開行動，進一步和他們取得聯繫，並定好見面的時間。

他們四個人給我的意見各不相同，

但是結論都是殊途同歸，要我做相同的選擇。

所以，他們的建言就這樣一直支撐我直到現在。

我放心大膽的離開原來的大企業，於２００５年10月25日成立公司（行銷支援顧問股份有限公司），並在大約兩年的期間出了十一本書。雖然公司還處於成長階段，不過整體上已經步入軌道。

我們有幸可以和許多優良企業主有生意往來，在行銷的培訓、演講或是電話行銷的業界當中，我深信對全日本的企業已有相當助益。

現在，我常常想到一件事。

２００５年在我最感困擾的時候，如果沒有向這四位重量級人物請益的話，我的人生究竟會有什麼改變呢？

或許我仍會在原來的大企業任職，並且過著自己很滿足的生活。

但是，絕對無法像現在一樣，幫助全日本的企業與努力經營事業的業者，也無法透過出書認識更多人。

我深深感覺到，當我站在人生的分叉路口的時候，正因為我接納足以改變人生品質的建言，我才能夠聽憑內心深處的聲音，做了最佳的抉擇，並得以讓自己過著自己所要的人生。

人的一生有許多喜、怒、哀、樂，有許多想做的事情，更有許多迷惘與煩惱。

在詭譎多變的人生旅程中，如果能夠認識可以提供有益建言的人士，在我們需要的時候適時伸出援手的話，這將是最大的幸福。

可以為我們指點迷津，幫助我們修正人生軌道，把我們導引向更豐富的人生，其中最大的關鍵就在於「別人的建言」。

能夠為我們提供有益建言的人，我就稱他們為「人脈」。

豐富的人脈就是
豐富的建言、
豐富的構想、
以及豐富人生的根源。

人脈，可以讓自己原有的才華更得以發揮到淋漓盡致。
如果這句話是真理的話，我們就更不應該再躊躇猶豫了。
千萬別再說：
「我覺得一切可能太晚了……」
「像我這種人……」
正當你躊躇猶豫的時候，你就錯過許多良機。
如果你想要創造人脈，就應該立刻採取行動。
這本書是專為身邊環繞優秀人材，而且積極想過一個身心靈都很豐富的人而寫的。

四位成功者的建言改變我的人生

前文介紹過的四位賢達究竟給我哪些建言呢？

接下來我將詳述他們給我建言的細節，做為這篇序章的結語。

青木仁志先生的一番話讓我勇氣十足的面對一切挑戰。他說：

「我敢保證，不論做任何事情，妳一定都會成功！

『現在』獲得成功的話，正表示『過去』所做的一切都是正確的，所以，只要妳持續做對的事情，**一定可以獲得完美的結果。**」

當時的我一直希望有人給我「符合身份」的建議，牧田幸弘先生聽到我的希望之後，不禁大笑說道：

「吉野，什麼叫做「符合身份」？我覺得妳的身高有這麼高呢！」

話一說完，牧田社長把雙手舉得高高的，意思是：

「不要太小看妳自己，妳應該給自己更多的期許！」

牧田社長緊接著又說：

「人生只是一瞬間而已，

如果妳打算自創公司的話，以妳的年齡來說已不算年輕，

最好趁早做打算！」

打從我二十三歲左右，大我七歲的牧田社長一直都是引領我人生路途的導師。

當我對野澤克巳先生提到「符合身份」這句話的時候，被他臭罵一頓。

「『符合身份』就代表『死路一條』，沒錯，就是死路一條！

妳一定要面對這個世界！絕對要面對！」

就在野澤克巳先生說完這句話的同時，我不經意地從六本木Hills的51樓遠眺東京的夜景。

就在此時，野澤克巳先生又繼續說道：

「一個人只要神經還正常的話，就應該努力去感受，也要以豐富的感性去生活。」

野澤先生的意思是：我絕對不可以再浪費自己的時間和自己的神經了。

為了直接向I先生請益，我事先查明他所搭乘的班機，並設法坐在他的鄰座。

聽完我的問題之後，I先生斬釘截鐵對我說：

「妳還在猶豫不決嗎！？若是我的話，我早就辭職走人了！

這個問題的答案非常明顯嘛！妳擁有絕佳的判斷力，一定沒問題的！」

其實這件事我也可以獨自判斷與決定，但是，聽過這四位賢達的建言之後，我的選擇與判斷居然有了很大的轉折。

這完全是因為聽取了賢達人士的建言，才能夠讓我擁有更好的人生！

由此可知，第一個行動就是要「創造人脈」！

各位讀者看到這裡的時候，是否已經開始蠢蠢欲動了呢？

本書將會告訴你如何採取行動，希望這本書能夠讓各位讀者獲益良多。

第1章

創造這樣的人脈！

何謂理想的人脈？——人脈的鐵軌理論

我希望能夠創造這種人脈！

這種人脈才是最理想的！

首先**要在你的腦海裡繪製一張你想要的人脈地圖**。

一談到人脈，我的腦袋會先浮現出一個影像，

那就是東京的地鐵路線圖。

有一次我搭乘東京Metro地鐵的東西線前往位在新宿的公司。

車箱爆滿，根本無法動彈，我僵立在車箱中，不經意地把視線往上移，突然發現到一個有趣的景象。

那就是貼在車箱上的「路線圖」。

東京的電車、地下鐵確實讓我佩服得五體投地！

各種路線綜合交錯，形成一張緊密的路線網。

例如：環狀行駛的「JR山手線」、東西向的「中央線」、斜線貫穿東京都的「都營

假如只有丸之內線和東西線的話……

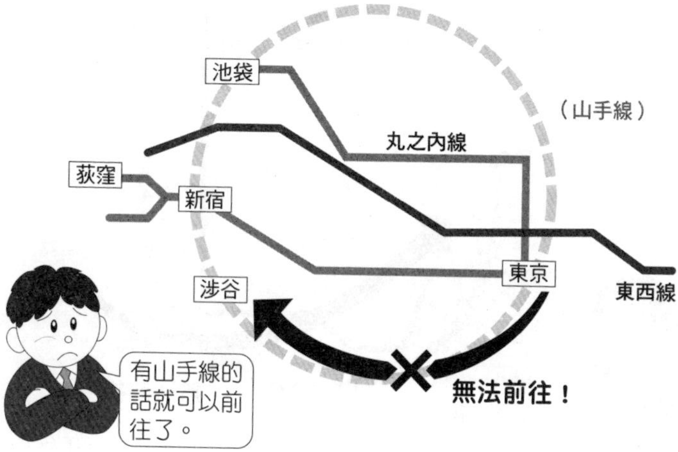

淺草線」、來回行駛的「丸之內線」與「大江戶線」。

這些地鐵不僅是縱橫整個東京都而已，還有斜線、環狀與U形路線。

當我更進一步仔細觀看時，我的眼睛都快花掉了。

看著看著，我突然發現到一件事。

「正因為地鐵的路線網如此綿密，我們才可以從每個地方前往任何地方……」

接著，我又想到一件事。

「如果只有丸之內線與東西向的中央線的話，又會是哪種狀況呢？

如此一來，我就無法從東京車站前往

假如只有山手線和千代田線的話……

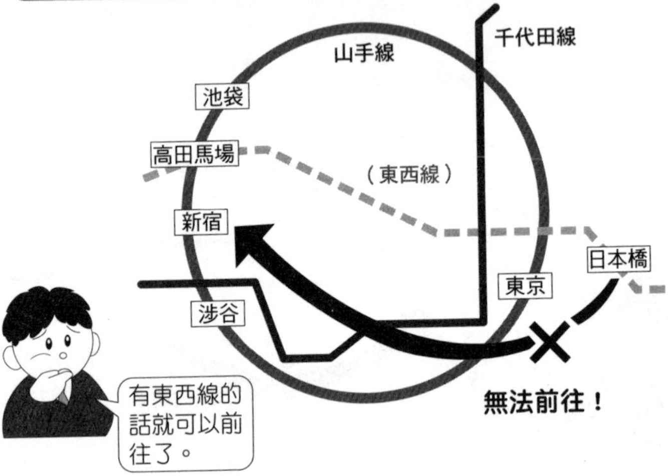

澀谷車站了！

假如只有山手線和千代田線的話，就無法從日本橋前往新宿車站……

東京地鐵實在太厲害了！

正因為整個路線如此錯綜複雜而綿密，才能夠順利前往任何地方！

只要懂得換車的方法，不論多遠都可以到達……」

就在這個瞬間，突然在每個車站都出現了不同的人臉。

這個地鐵路線圖讓我連想到人脈地圖。

也就是說，

A先生（澀谷）和B先生（淺草）串聯成銀座線的人脈。

C先生（新宿）和D小姐（池袋）串聯成丸之內線的人脈。

正如39頁的圖示，只要E先生（赤坂見附）加入其間，把大家都串聯起來的話，A、B、C、D的人脈就可以完全串聯在一起。

所以，我認為，

「E先生的存在是非常重要的，**他就像一個專供轉車的車站，在人際關係的串聯上扮演相當重要的功能。**」

我充分發揮想像力，把每個車站置換成我所熟識的人士，當下還讓我非常樂在其中。

這時，我突然又發現到一個理論，

「如果沒有軌道，每個車站就形同一個單獨的個體，完全沒有存在價值。軌道把每個車站連接起來，才能夠充分發揮車站的價值。而且只要透過地鐵的轉車站，就可以抵達任何你想去的地方。」

此外，我又更進一步發揮我的想像空間。

「如果一個人只是這個社會上一個孤獨的個體，可以說他根本失去其存在價值，唯有和別人有或多或少的關聯，才能在相乘效果之下獲得新的靈感，彼此也才能夠一起獲得進展。」

緊接著，我的想像力更發揮得淋漓盡致。

「如此一來，人跟人之間的聯繫就能夠像東京地鐵一樣綿密，即使原本跟住在八王子的X先生完全不認識，卻能夠因此而有關聯的話，那將是多麼美好的一件事。（譯註：八王子是地名，位於東京市中心以西約40公里的近郊）

如果光憑自己的能力根本無法認識X先生的話，只要有機會透過某個人的介紹而認識X先生，或許就有機會得到X先生的建言而讓自己成長或有所成就。」

就在這個瞬間，我的腦袋突然閃過一個念頭。

「對了！

我應該要建立一個像東京地鐵路線圖一樣的人脈！」

Lesson

理想的人脈就有如地鐵路線圖，
關鍵點就在於具有轉車功能的「人」。

只要認識具有「轉車功能」的人士，就可以不斷擴展人脈。

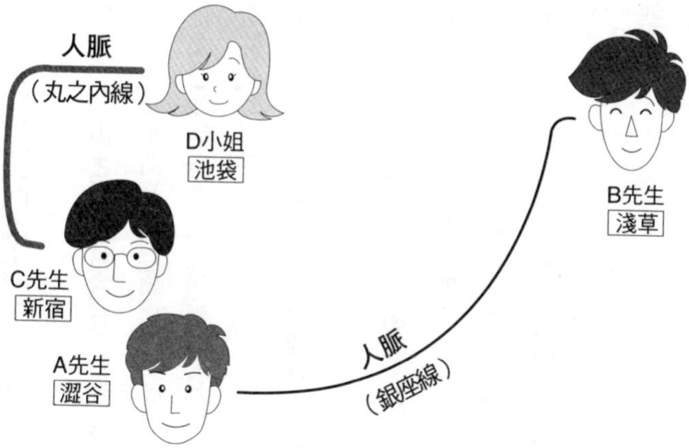

**E先生（赤坂見附）插進來
把大家串聯起來之後，
就形成一個完整的人脈。**

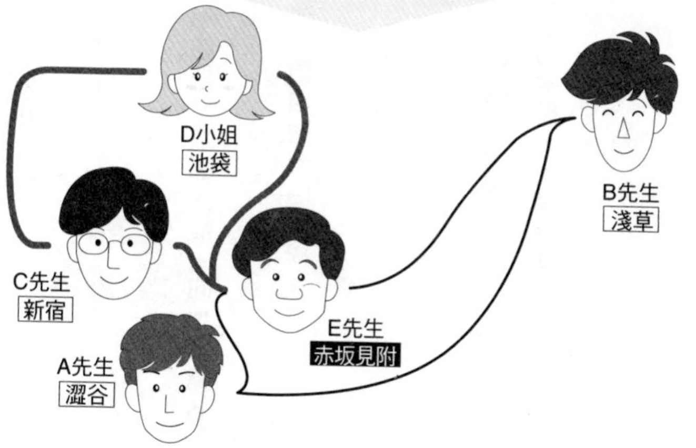

可以前往任何地方！這就是最理想的人脈地圖

路線1　山手線＝連接公司內部的環狀人脈

首先要考慮到的是自己所處的位置。

這時候當然就會讓人連想到東京車站，因為東京車站是東京都內最大的地鐵總站，也是新幹線的起點。

如果我們把視線集中在東京車站，自然就會直接連接到環狀的山手線。

我突然有了一個新的發現！

「山手線應該就是公司內部的人脈！」

也就是各部門之間的聯繫。

各部門之間看似沒有直接關係，其實是具有環環相扣的緊密關係。

我覺得每個人都應該**和公司內的重要部門建立緊密的關係，以便隨時獲得有利的資訊。**

沒錯！

公司內部的人脈應該以山手線為目標！

路線2　把銀座線、丸之內線拉進來＝建構公司內跨部門的網狀系統

其次，哪些縱橫交錯的地下鐵路線可以將山手線串聯起來呢？

沒錯！那一定是公司內部特有的網狀系統。

表面上來說，業務部似乎和總務部並沒有直接關係，不過，由於經常會在公司內碰面，若能夠有進一步接觸的話，或許將來需要和對方合作……。也就是說，**應該在公司內部建立超越部門的網狀人際關係**，等到有一天必須參與大型營運企劃時，或許就可以運用到這方面的人脈。

路線3　中央線、東西線＝認識不同公司、年齡資歷相近的同業朋友

東京東西向的地鐵有「東西線」和「中央線」，也就是**從西邊的武藏野一直連到東邊的千葉**。

這個路線代表什麼呢？

這就代表「橫向的連接」。

也就是說，不僅要認識公司內部的人脈，**更要往公司以外延伸，認識到不同公司、而且年齡資歷也相差不多的同業朋友**。

彼此不僅可以互換訊息，有時甚至可以一起飲酒作樂，**這種人脈可以說是絕對不可缺少的**。

有些業者會舉辦跨公司的研習班，讓同業之間的員工一起研習專業課程以便取得證照資格。

例如日本的「生命保險協會FP會」，壽險業務員若想考取特定的資格，就需要參加此協會所舉辦的研習課程。

參加這類課程可以更加擴展自己的工作領域，而且彼此可以共享對工作有助益的資訊，所以可說是非常有意義的。

又因為彼此都隸屬於相同的業界，更能了解彼此的辛苦與價值。

所以，如果有類似這種由同業與年齡資歷相近的人參加的研習課程，只要事先**確定對自己的工作確實有幫助的話，不妨多加利用**。

路線4　延伸出「東海道線」、「東北本線」＝拓展公司以外的人脈

往北延伸的「東北本線」、以及經由橫濱前往名古屋方向的「東海道線」應該是屬於什麼樣的人脈呢？

理想的人脈地圖

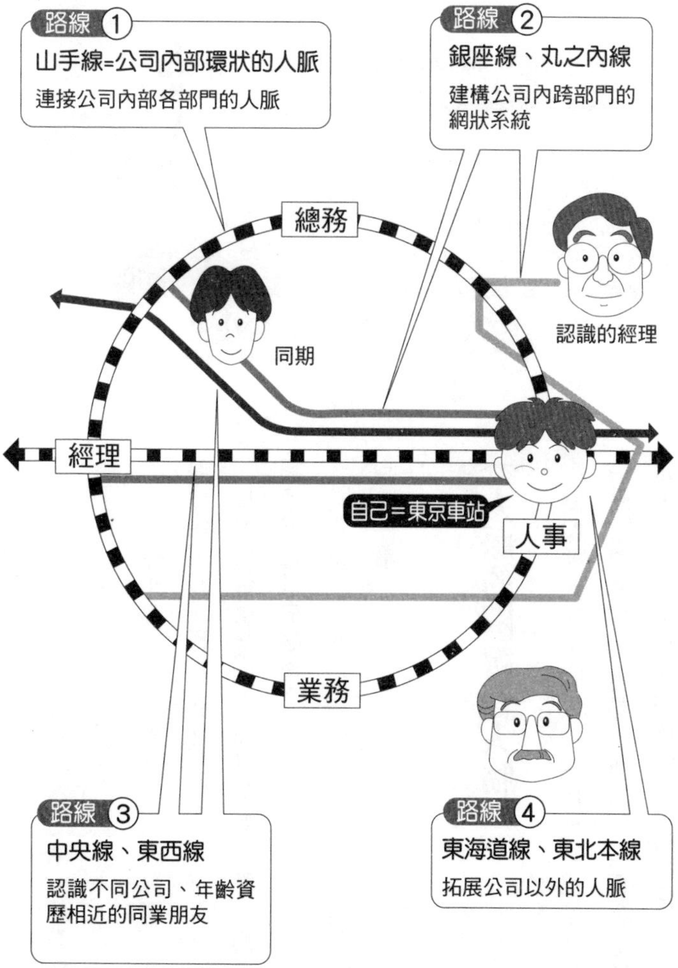
路線 ①
山手線=公司內部環狀的人脈
連接公司內部各部門的人脈
路線 ②
銀座線、丸之內線
建構公司內跨部門的
網狀系統
總務
同期
認識的經理
經理
自己=東京車站
人事
業務
路線 ③
中央線、東西線
認識不同公司、年齡資
歷相近的同業朋友
路線 ④
東海道線、東北本線
拓展公司以外的人脈

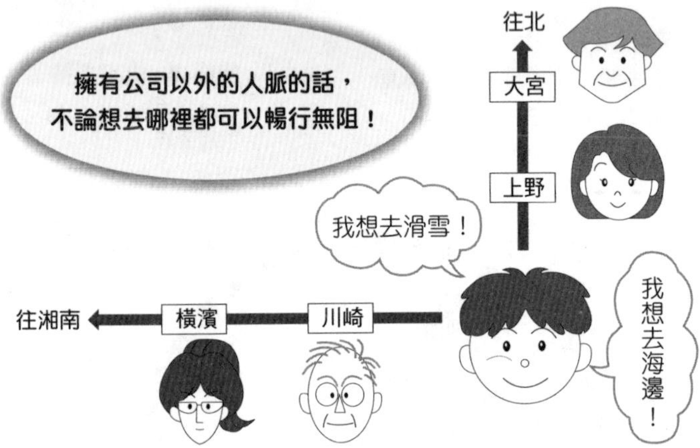
擁有公司以外的人脈的話，
不論想去哪裡都可以暢行無阻！
往北
大宮
上野
我想去滑雪！
我想去海邊！
往湘南
橫濱
川崎

這是屬於公司以外的人脈。

如果你想去東北方向滑雪的話，就要經由上野、大宮往北方前進。

如果你想去湘南（神奈川）的海邊，就要經由川崎、橫濱前往湘南。

只要擁有廣闊的公司以外的人脈，想去哪裡就可以去哪裡……！

當我正在做各種連想的時候，我突然想到一件事。

人脈的關鍵性人物

就像前面所說的，「赤坂見附車站」是一處重要的轉車地點，所以，我們也**必須和人脈的關鍵性人物保持信賴的關係。**

我就認識這麼一位人脈的關鍵性人物，他讓我在轉眼之間拓展了寬廣的視野。

此人就是創業於大正時代的大阪印刷公司、青雲堂印刷所股份有限公司的第三代經營者**田畑良一先生**。田畑先生有著關西人的爽朗與幽默，但是當他在引介別人的時候，卻完全發揮他的體貼與善解人意。

為了讓雙方的會面達到最高的效益，介紹者必須做好各項事前準備。所以，若能找到一位各方面都為雙方考慮得非常周詳地介紹人的話，才能夠幫助你拓展具有價值的人脈。**如果你的人生當中可以認識這樣的介紹人的話，一定對你的人生與工作有極大的助益**。

沒錯！我就是要立志擁有一個綿密如東京地鐵的人脈地圖。

我一定要達成這個目標！

而且不論在公司內外，我都要建構一個廣闊又綿密的人脈網路，不論我想去哪個地方都可以暢行無阻。

我下定決心一定要辦到！

從此以後，每當我想到「人脈」兩個字的時候，我的腦袋必定浮現出東京地鐵路線圖。

所以，你不妨也根據東京地鐵路線圖，來檢視一下自己的人脈，並且自我檢討一番。

「以我現在的人脈可以達成什麼事呢？」

「以我現在的人脈，還有哪些不足之處呢？」

經過一番自我檢討之後，應該就可以看出一些端倪。

「對了！我的人脈路線圖缺乏山手線，我應該更進一步加強公司內部的人脈關係。」

「在年齡資歷相近的人脈方面，我開發得還算不錯，現在比較缺乏的是公司以外的人脈，所以，我應該更進一步拓展東北本線和東海線。」

我們應該將目標設定為東京地鐵路線圖！

把目光重點擺在東京車站，再由此逐漸向四面八方延伸出去。

Lesson

把自己當做「東京車站」，重新檢視自己的人脈地圖。

創造人脈的首要之務

有人說：

「我很想擴展人脈，但是卻不知道究竟該找什麼樣的人？」

也有人說：

「我不知道我到底想要認識誰？也不知道該和哪個人攀關係？」

更有人說：

「即使可以找到這樣的人，我也不知道該跟他說什麼？或是該問他什麼事情？」

究竟應該做什麼呢？

究竟不應該做什麼呢？

只要套用「人脈＝鐵軌理論」，馬上就可以找到答案。

主要的理由就是**「你還沒有決定好要去哪裡？」**

如果你很想去「湘南的海邊」，你就會想到前往湘南海邊必經的川崎或橫濱。

如果你想去「山形縣滑雪」，就會發現到東北本線的上野、大宮等站。

所以，如果你想得到對自己最有利的人脈，也希望建構人際關係的話，首要之務就是，「先決定好你想前往的目的地！」這是最先決的條件。

換句話說，就是要先訂立自己的志向。

什麼是**「志向」**？

說得白話一點，意思就是，

你想獲得什麼東西？
你想變成怎樣的人？
你想前往什麼地方？
你要的是什麼東西？

許多人常常過得渾渾噩噩，根本不知道如何明確掌握自己的人生。

我也曾經經歷過這樣的人生，在大企業中迷迷糊糊過日子。

但是，有一天我突然發現到自己的目標。

我的目標就是「創立一家公司，善用自己的專業知識與技能，幫助更多社會人士步入成功之道！」

當時我曾經有過一段自問自答：

Q「我想要成為怎樣的人？」

A「我要創立一家公司，而且這家公司在這個社會上可以幫助很多人！」

Q「我想前往什麼地方呢？」（＝終點、目標）

A「我希望創業成功！」

如果我想去湘南海邊的話，我的眼光自然就會看到前往湘南海邊必經的川崎或橫濱，於是，正如我在序章所提到的，我的腦海裡自然而然就浮現出青木先生、I先生、牧田先生和野澤先生的臉龐。

他們的臉龐浮現在我的腦海之後，接著我就主動去找他們，並獲得他們的建言，我才能夠朝我的目的地前進。

一個人如果沒有任何欲望，他的腦海裡自然就不會浮現出任何人。

一個人的腦袋裡如果沒有任何明確的目的地的話，自然就不會浮現出想要見面的人的名字與臉龐。即使自己一直想要的資訊就直接出現在眼前，恐怕也完全不會察覺到，而白白錯失機會。

因此，**「立定志向」才是首要之務**。

第一步就是確立自己的目的地，並且內心必須擁有強烈的渴望。

「不論過程多麼艱難，我一定要抵達目的地！」

一切就從這裡開始。

只要確立自己想要前往的目的地，並且明瞭自己想要獲得哪些東西之後，當然就可以明確的說出來。沒有「志向」就形同沒有穿衣服走在街上，**唯有擁有志向，活著才有意義**。

Lesson

想一想自己想要變成怎樣的人？想要前往什麼地方？也就是首先要確認自己的「志向」！

第2章

思考方式與生活方式可以建構理想的人脈

只要改變思考方式，一切都將改變！

有一個人在十年之間不斷擴展人脈，也不曾停過自我成長的腳步；另一個人在十年之間都處於同樣的狀態，絲毫未見成長的跡象，這兩個人的差異究竟在什麼地方呢？

我認為他們之間的差異其實僅在於「思考方式」而已。

「思考方式」會產生「行動」，「行動」會創造「結果」。

換句話說，現在的我所處的狀態，完全是過去的我的一切行動與思考方式所產生的結果。

只要改變思考方式，就會改變行為方式，只要改變行為方式自然就會改變結果。

因此，擴展人脈的首要當務之急就是「改變思考方式」。

接下來就要介紹擴展人脈絕對不可或缺的「5種思考方式」，以及現在必須立刻拋棄的思考方式。

Lesson

只要改變思考方式，就會改變結果。
當務之急就是先改變自己的想法。

吉野式成功人脈術——「5種法則」

以下所要介紹的就是五種思考方式。

想要拓展人脈的人，就請你務必將這五種思考方式謹記在心。

【5種法則】

1 志向
2 執著
3 行動力
4 不怕被拒絕
5 奉獻

也就是說，

首先要確認自己的**志向**，

「你想變成怎樣的人？你想前往什麼地方？」

接下來，必須打從心底發出強烈的執著心。

所謂「**執著心**」，就是「不論如何誓必得到，而且絕不輕言放棄。」

如此一來，內心就會湧起一股絕對無法壓抑的鬥志。

沒錯，這就是一般所說的「幹勁」（motivation）。

但是，光有幹勁而沒有行動，恐怕也只是光說不練而已，久而久之就會完全遺忘掉原有的幹勁。

最重要的當然就是「**行動力**」。

所以，一定要讓自己全身上下充滿幹勁，並試著化為行動。

千萬別說「從明天開始」，也別說「從今天開始」，應該說「從現在開始」！

創造人脈是無風險、高報酬的投資！

正當你要採取行動的時候，腦袋一旦出現「**可能會被拒絕**」，你可能就此打消念頭，不敢繼續行動。

不過，請你仔細思考一下。

即使被對方拒絕，你又有什麼損失呢？

你應該沒有損失任何東西才對啊？

有句話說**「高風險、高報酬」**。

也就是說我們必須冒著失去的風險，才有可能獲得高報酬。

但是，對於想要創造人脈的人而言，人脈卻是一件**「無風險、高獲利」**的投資。

沒有風險，而且只有獲利，如果你還縮頭縮腦不敢有所行動的話，那才是你的損失呢！

所以，**別害怕被拒絕，應該現在立刻採取行動！**

凡事不可以太唯利是圖

如果你的身邊有一個人只有在自己有需求或自己心情好的時候，才會和別人說話，其他時候總是一副事不關己的態度，你對這種人有什麼看法呢？

你可能會認為：「這種人一點也不值得信賴，下次再遇到他一定要特別小心……」

你也可能會覺得：「和這種人交往的話，一定是百害無一利！」

因此，你當然就會和他保持距離。

凡事都只考慮到自己，這種人當然不值得交往。

第一個理由是，這種人不論遇到何種狀況，都只會想到自己。

另外還有一種人，經常認為自己沒有任何東西可以給別人或幫助別人。

也就是說，這種人總是覺得自己比不上別人。

當他希望藉助他人的力量、或是想從他人身上得到東西、或是希望別人提供建言時，他都會先想到**自己似乎沒什麼東西可以給別人，或是自己的能力似乎幫不上別人**。

其實只要有這種想法的話，必定可以找到自己可以幫助別人的地方，即使現在沒有，經過一段時日之後，必定也可以找到機會報答別人。

這就是「5種法則」之中的第5種——「**奉獻**」。

先有意識才會有所行動，因此，先反躬自省自己對別人是否有所幫助，抱持這種「奉獻」心態是非常重要的。

即使無法給別人具體的幫助，不妨也想一想自己至少可以做什麼事情，讓別人的心情變好一點。

成功創造人脈的「5種法則」

1 志向

首先要確認的是「你想成為怎樣的人？你想前往何方？」也就是內心必須擁有強烈的欲望，才能夠有開端。

2 執著

一定要抱持「不到黃河心不死」的決心，才能夠激起全身幹勁。

3 行動力

全身充滿幹勁的話，接下來當然就是開始行動。千萬別說「從明天開始」或是「從今天開始」，記住，一定要「從此時此刻開始」。

4 不怕被拒絕

既然不會有損失，就沒有什麼可擔心害怕的！這是一件「無風險、高獲利」的投資，不妨就放心大膽去做吧！

5 奉獻

凡事只考慮到自己得失的人是會遭到唾棄的。應該先想一想自己有什麼可以幫助別人。如果沒有抱持這種心態，即使可能得到短暫的利益，最後卻可能失去全部，甚至包含別人對你的信賴。

凡事只懂得搶先一步為自己謀利或是自我奔走鑽營，過度唯利是圖、自私自利的人是不受歡迎的。

這種人即使可以得到短暫的利益，最後卻可能失去全部，甚至包含別人對你的信賴。因此，奉勸各位絕對不可以成為這種人。

Lesson
懷抱志向、執著、擁有行動力、不怕被拒絕與奉獻，這就是創造人脈的「5種法則」。

如何獲得有力人士的認同與賞識？

然而當你正要開始行動的時候，內心難免會興起某種恐懼與困惑。例如：「我這麼做會不會帶給別人太多困擾？」或是「這麼做會不會太沒有禮貌呢？」而且這種困惑會如湧泉般一發就難以遏止。

接下來我就來介紹我的一段經驗之談，這一次的經驗讓我的困惑頓時就豁然開朗。

寫作出書後來也成為我維持生計的方式之一。

偶爾我也必須配合參加宣傳活動或促銷活動來推廣我的書籍。

前不久，為了紀念第八本書出版，公司方面企劃了一項宣傳活動，宣傳標題為「〇月〇日～〇日之前在亞馬遜網路書店購書者，可以獲得特殊禮品！」

這項活動的主要目的是希望促進這本書的知名度，並在一開始就創下銷售佳績。

這個時候就是看捧場人數來一決勝負了！

於是，我決定把所有見過面的人、熟識的人或可以信賴的人全部整理起來，而且我並不是同時對所有的人發出同一封電子郵件，而是一封一封的打出對方的姓名，再連同新書封面寄給每個人。

郵件內容如下所述：

> 今天發出電子郵件給您，
> 是因為要告訴您一個很特別的消息。

為了記念第八本新書出版，
也為了表達吉野真由美的由衷感謝之意，
我將贈送我的演講ＣＤ
「令人感動的簡報」（價值一萬日元）

這次的促銷活動，
都是為了感謝各位平日對吉野真由美的鼎力相助，
如果這次又能承蒙您的協助，將令我永生沒齒難忘。

如果您的朋友希望他的發展空間更大，
也希望他在業務方面更進步的話，
請您務必將這封信轉寄給他，
也感謝您對我的協助。

第八本新書的書名是

「邀約能力增加7倍、被人引見增加4倍！
開發新商品業務的
魔法電話行銷術」
本書是由ＰＨＰ研究所出版，
敬請前往亞馬遜網路書店即可了解詳情。
http://www.amazon.co.jp（以下省略）

為了感謝您的熱情捧場，
11月6日（星期二）〇時到24小時之間
上網訂購書籍者，
將致贈一份我的演講ＣＤ
「令人感動的簡報」（價值一萬日元）

（後文省略）

拜託別人是需要勇氣的。

雖然平常的我屬於說做就做的行動派，但是遇到這種事也難免猶豫不決，深怕造成別人的困擾，或是讓別人對我生厭。不過，最後我還是鼓起勇氣把郵件發給每個人。

有一位賢達對我這個行動給與極高的評價。

這位人士就是新規開拓株式會社的朝倉千惠子社長。

在我主動接洽之下，朝倉社長為了配合我的促銷活動，立刻在她的部落格刊載我的郵件內容，同時還在我的郵件下刊載了以下的評註。

（←緊接著吉野的郵件之後）

今天的每日一句是

「我們要遠離顧慮太多與貧窮！」

顧慮太多並不是美德。

想要什麼東西就直接告訴對方，

把內心的想法化為實際的行動轉達給對方。

有關吉野真由美小姐的亞馬遜網路書店的促銷活動，
如果今天她沒有發郵件希望我幫助她的話，
我應該就不會在我的部落格刊載此事。

以業務創造業績的人，
最重要的就是需要行動力。

雖然我僅能盡到一點棉薄之力，
但是，讓我願意全力以赴的最重要因素，
就是吉野小姐毫不嫌棄的發給我一封郵件。

如果她一開始就認為
拜託我會造成我的困擾，

因而不敢發出這封郵件的話，
當然就不會得到任何結果。
即使會遭到別人拒絕，
那也是一種學習，
也是因為採取行動後所得到的結果。
總之，請大家一定要精力充沛的面對每一天！
朝倉千惠子

各位對這段文章有何看法呢？確實是一段讓我勇氣倍增的話。
她早已看穿我的內心其實是猶豫不絕，而且是鼓足勇氣才採取行動，她居然還給與我如此高的評價。
她把我的促銷活動刊登在她的部落格上，對她而言不見得可以得到什麼好處。
不過，不可諱言的，如果下次朝倉社長有需要幫忙的時候，我絕對會採取具體的行動盡我所能來幫忙她。

這件事情也讓我有了一個更深的體驗，那就是**「凡事絕對不要猶豫，唯有勇敢的提出要求與採取行動，才能獲得有力人士的青睞。」**

所以，我希望每個人都能夠明確而且勇敢的說出自己想要的東西，這才是一切的開端，你說對不對呢？

Lesson
我們要遠離顧慮太多與貧窮！唯有勇敢的提出要求與採取行動，才能獲得有力人士的青睞。

請你立刻拋棄這種想法

讓自己像個縮頭烏龜是百害而無一利的。

當我身為業務經理或身為企業經營者的時候，曾經接觸過各式各樣的人，在這些經驗當中讓我察覺到一件事。

工作不順利或無法擴展人脈的人，嘴上經常會叨唸著：

❌

「像我這種人……」

「反正我一定做不到……」

「我真蠢……」

各位是否也經常說這些話呢？

經常說這些話的人，他的行為通常也會受到制約。

總之，能不能做到或是愚蠢不愚蠢，應該由別人去判斷，千萬別一開始就自暴自棄或自我否定，否則就太可惜了。

對自我價值要抱持信心

其實當我的腦袋有一些想法的時候，有時也會讓我感到困惑，不知如何是好？

以下就是我自己的一段心路歷程。

這件事的主角人物是某世界知名飯店的日本分社社長T先生。

當時T先生已經是一位暢銷作家。

我和他第一次見面是在一場研討會，T先生受邀演講。

我記得當時有許多人和T先生交換名片。

我覺得這是個難得的機會。

於是，我利用交換名片的短暫瞬間，再特地自我介紹一番，希望能夠加深對方對我的印象。

我的名片上印有我的著作封面與我的照片，但是我卻深刻感覺到，我的名片只是他手中眾多名片當中的一張而已。

我決定把跟我交換名片的每個人的郵件信箱，一一輸入我的公司電子報的通訊錄當中。

研討會結束之後，我把名片中的郵件信箱一一輸入我的電腦中，正當我輸入T先生的名片時，我的手瞬間停頓。

我的腦袋浮現出一個想法。

「像T先生如此尊貴的人……我如果發郵件給他，恐怕會笑掉他的大牙……」

緊接著，我的內心又告訴我這麼做**可能對他很失禮，也可能造成他的困擾……**。

不過，最後我還是毅然決然的把他的郵件信箱輸入我的通訊錄。

因為我給了自己一個信念。

◎我相信我要傳達給對方的一定是極具價值的資訊或消息。我要發出的訊息一定具有相當價值，可以對多數人提供良好的影響。

我不斷對自己加強此種想法之後，果然立刻揮別一切困惑。

不久之後，在一場宴會場合我又有機會遇到T先生。

令我吃驚的是，T先生居然移動腳步向我走過來。

並且還先開口對我說：

「吉野小姐，謝謝妳經常寄給我有趣的訊息，以後我還是很期待妳的郵件。」

就在這個瞬間，我內心所有的困惑完全煙消雲散，而且還不禁在內心嘟囔著。

「……真是太好了，幸好當初我沒有放棄！」

突然之間我的腦袋也閃過一個念頭，下次只要我又開始顧慮太多時，就應該立刻想起這個例子。

「顧慮太多」是百害而無一利

有一次我擔任研討會的講師，曾經談到「顧慮太多是百害而無一利」。一說出這句話，立刻引起極大的迴響。

剛剛才成為上班族的O先生立刻發表他的看法，他說：

「我可以理解有關T先生這段故事的真諦，因為最近我也曾發生類似的事情，結果卻因為我顧慮太多而沒有採取行動，現在還讓我非常懊悔，從今以後，我絕對不會再顧慮太多了。」

O先生是茶道老師，有一次他計劃舉辦茶會，列舉邀請名單時，讓他極感困擾的是究竟要不要邀請我參加。

最後，O先生自己先舉了白旗，因為他認為：

「像吉野老師這麼忙碌的人，如果我邀請她參加茶會，恐怕會增加她的困擾。」

所以，他認為自己實在太傻了。

其實選擇權完全掌握在對方。

但是邀不邀請則掌控在自己手裡。

如果一開始就如喪家之犬一般自認「像我這種人……」或是「我太蠢了……」，恐怕這將會造成自己最大的損失了。

Lesson

顧慮太多將是百害而無一利，每個人必須挑戰的是「對自己的價值要抱持自信」。

開口請託是對長輩的一種禮貌

我一向認為，積極向長輩請教或請託是一種禮貌。

但是，卻有許多人會陷入以下的思考模式。

✕

「這樣可能會被別人厭惡吧？」

「對方可能很忙吧？」

「對方可能忙得沒空理我吧？」

「沒有人會願意告訴我訣竅！」

不過，我的想法卻完全相反。

為什麼我會這樣呢？

主要是因為我研究過心理學（選擇理論心理學）。

理論上而言，每個人都具備有以下**5種欲望**。

1 生存的欲望
2 愛與歸屬的欲望
3 力量的欲望
4 自由的欲望
5 快樂的欲望

總之，一百個人當中，一定就有一百個人擁有上述5種欲望。

以下就簡單說明這5種欲望。

1 生存的欲望

也就是維持生命、延續子孫的欲望；現在更衍生為經濟永續經營的欲望。

2 愛與歸屬的欲望

希望被愛、希望有同伴、希望有歸屬感、希望可以被眾人接納的欲望。

3力量的欲望

希望受到別人的認可、希望別人了解我的優點、希望向別人誇示我的力量。

如果能將這種欲望引導往好的方向的話，就會更加努力勤奮工作，並且獲得極高的成效。但是如果引導往不好的方向的話，就會變得自我誇示的力道過強，並且可能不擇手段想要贏過別人。

這種欲望也可以說是人性最難處理的欲望。

4自由的欲望

希望自己擁有選擇的自由，不會受到強迫的。

5快樂的欲望

如字面所示，希望自己能夠快快樂樂，凡事都能心想事成。

我接觸過各式各樣的人，所以對於人性就更有深刻的了解。那些事業有成的人、高高在上的人、了不起的人以及出人頭地的人，他們對**「力量的欲望」的追求**可以說是

5種欲望之中最為強烈的。

也就是說，他們都是把「力量的欲望」導往好的方向。

其次，我還了解到另一點。

當別人能夠滿足你強烈的「力量的欲望」時，你一定會很欣賞那個人，同時也希望繼續和那個人保持關係。

如何獲得大人物的青睞？

因此，我又有了另一個發現。

如何才能夠獲得那些事業有成的人、高高在上的人、了不起的人的青睞呢？

答案非常明確。

那就是自己要率先以言語或行動，來滿足對方的「力量的欲望」。

請教對方

主動提出想與對方見面

請求對方為你介紹人事物
請求對方的協助或請對方和你站在同一陣線

這些言語行動完全都是為了滿足對方的「力量的欲望」。

拜託別人幫忙是一種尊敬的表現！被人請託是一種光彩！

首先我們必須考慮到要以何種言語或行動來滿足對方的「力量的欲望」。

如此一來才能夠出現一個開端。

因此，請你務必開門見山，打開天窗說亮話。

「○○先生，請您一定要教我，
我很想跟您學習！」
「○○先生，請您一定要告訴我，
您是如何讓您的公司發展到如此茁壯？」

「能夠直接看到您本人，是我至高無上的榮幸！」
「能否請您鼎力相助呢？」
「我希望能夠借用您的人脈，
能否請您介紹我和××先生認識呢？」

你說的每一句話都要發自內心，絕對不可虛偽或無謂的奉承巴結。

當然也不可以態度強硬的希望對方一定要接受你的要求。

一個陌生人突然對自己提出請求時，一般人通常會心存戒心，這是理所當然的。所以，首先一定要先明確表明自己的身份，才不會讓人感覺突兀。

此外，請務必再記住一點。

大人物之所以能夠成為大人物，正是因為他們擁有非常強烈的「力量的欲望」，才能夠攀登巔峰。

所以，絕對不可以自我設限的認為提出請託會讓他們感到厭煩，或是會讓他們感到困擾。

拜託別人幫忙是一種尊敬的表現！

雖然他們已經是攀登巔峰的大人物，但是，能夠受到後進的拜託，或許會讓他們認為是一種光彩！

Lesson
大人物通常擁有強烈的「力量的欲望」，只要能夠利用言語或行動來滿足他的「力量的欲望」，就能掌握他的心。

其實對方正在等待你的主動接近

大人物或成功者通常都是年紀比較大的人，所以才會讓後輩感到緊張或有所顧慮。

我曾經試著詢問過這類人士的看法，大多數的回答是：

「我非常樂意提攜有上進心的年輕人。」

「只要有人向我提出要求，我一定會抽出時間教他。」

甚至也有人說：

「年輕人擁有豐富的感性，我很想去接近他們，我想知道他們的感覺與想法。」
聽過他們的感言之後，我才深刻感受到一件事。
「其實這些大人物一直都在等待年輕人主動接近他們。」

擴展人脈的基本道理就是「坐而言不如起而行」

年輕人顧慮太多。
年長者正在等待。
這種關係就宛如一對男生和女生互相看對眼，卻不敢向對方告白。
這種狀況簡直堪稱愚蠢。
主動聯繫才是勝利者。
你要決定的是「去」或「不去」。
在你考慮到主動聯繫對方究竟是對或錯之前，應該毅然決然先採取行動！
這樣你才有機會見識到過去從未看過的世界，不僅有機會見到根本不可能見到面的人，有時候還可能得到對方的建言。

既然知道那是一件值得做的事情，就不需要再「檢討」，當務之急應該是「立刻採取行動」。

也就是說，當你為該不該做某件事而感到困惑時，選擇「去做」就對了。

創造人脈的基本原則就是「**坐而言不如起而行**」，至於具體的做法將會在下一章詳細介紹。

Lesson

即使是高高在上的人，也會盼望年輕人對他提出請求。
「坐而言不如起而行」，請立刻採取行動。

第3章

讓自己成為「高高在上的人」會謹記在心的人！

想辦法接近你很想見的人

某公司的S董事長是一位令人佩服的天才。

某次我和他碰面的時候，他曾經對我發下豪語。

「只要是我很想認識的人，百分之百都能夠見到對方。」

「真的嗎？太厲害了！你是怎麼辦到的？」

看著一臉驚訝的我，S董事長告訴我一段趣事。

那是他和麥當勞前社長——**藤田田先生**見面的經過。

「當時我非常渴望能夠和藤田社長見一面，

沒想到終於機會降臨！

剛好碰到藤田社長出版了一本書。」

這本書和這個機會究竟有什麼關係呢？

看著我一臉疑惑的表情，S董事長繼續說道：

「藤田社長的書籍出版的第一天，我立刻取得一本，

接下來的每天晚上，我都是在浴室中閱讀。」

什麼？為什麼要在浴室看書呢？

「我花了整整一個星期的時間仔細閱讀，並且用螢光筆做記號，浴室的水蒸氣使得整本書變成膨鬆狀。我寫了一封信連同那本書寄給藤田社長。」

看到這封信之後，藤田社長究竟有何想法呢？

「藤田社長覺得我是一個很有趣的傢伙，所以就約我見面了。」

我帶著崇拜的眼神，聆聽S董事長這個神乎其技的計謀。

他的用心確實令我佩服的五體投地。

欲得「將」先射「馬」

每個人總是特別珍愛自己親手做的物品。

所以，只要獲得別人的稱讚、好評與認可，就會高興得尾巴翹起來。

尤其是小孩子，一旦聽到別人的稱讚與認同，更會感到雀躍不已。

同樣的道理，出書者希望自己的書被稱讚。

製造物品的人希望產品受到認同。

設計程式的人希望自己建構的程式受歡迎。

策劃展示會的人當然希望他負責的展示會受到眾人稱讚。

徹底了解對方親手製造的產品，並且給與讚美，這是創造人脈最完美的手段，也是最佳的捷徑。

所以，有時候適時採取迂迴戰術，反而可以獲得最佳的成效。

絕對不可以沒有經過適當的過程，就冒冒失失直接找對方。

雖然我在前面曾經說過「馬上行動」的重要性，但是並不是要你有勇無謀的躁進。

因此，首先應該要熟知對方的一切，取得對方的著作或其他相關的物品，並且一定要深入鑽研。

接下來才可以採取行動。

乍看之下S董事長似乎顯得躁進且有勇無謀，但是卻因為他的老謀深算才讓他有機會和藤田社長見面。

Lesson

每個人總是特別珍愛自己親手做的物品。
徹底了解對方親手製造的產品，才是讓對方願意和你見面的最佳捷徑。

吉野式主動聯繫3次法則

但是，還有另一種不同的情況。這個故事的主角是G先生。

G先生拜讀過他很欣賞的一位作家的大作之後，感想很多，於是寫了一封文情並茂的書信，希望能夠見作者一面。

但是這封信卻有如石沉大海，毫無音訊。

有一天，G先生向我提到了這件事情。

他一臉落寞的對我說：

「我是真的很想把我的想法告訴他，他卻沒給我任何回音。」

「你寫了幾封信給他？」我問他。

「當然是只寫了一封！」G先生一臉理所當然的表情。

「什麼？只寫了一封！

只有一封信就希望對方給你回音，你的想法也太單純了吧！

起碼也要主動三次！」

「啊？需要三次啊！這樣不會太緊迫盯人了嗎？」

我的回答讓G先生張口結舌。

「沒錯！這就是我提倡的**『吉野式主動聯繫3次法則』**！」

在我負責業務的時代，經常需要用電話和客戶預約見面時間，後來我就發現到「吉野式主動聯繫3次法則」。

我有一位客戶——K先生。

明明是他先找我要一些相關資料，可是當我打第一通電話給他的時候，他卻冷冷的對我說：

「我只是跟妳要一些資料而已，所以妳不必跟我談其他的事情。」

不過，我並不因此而打退堂鼓，仍然恭敬的問他：

「大概一個星期之後，我可以再打電話給您嗎？」

他的回答是：

「可以！」

一個星期後，我試著打第二通電話。

「您好，這個星期五的下午，我將會前往貴公司附近，不知道是否方便去拜訪您？」

他的回答依然冷酷無情。

「不行，星期五我有事情。」

其實我也可以就此打住，不再找他，不過，卻有一股莫名的力量讓我嘗試第三次。

第一次他的回答是「我可以再打電話給他」，第二次是告訴我「他有事不能見我」。

「拒絕」原本就是對方的自由，我必須做的就只是「主動聯繫」而已。

終於有一個機會讓我打了第三通電話，我努力試著約對方見面。

「這個星期五的下午，我將會前往貴公司附近，不知道您是否在辦公室？」

沒想到這一次K先生居然很爽快的回答我：

「是的，我會在辦公室！妳說的是星期五對吧！」

這次終於順利敲定見面的時間。

而且簡直是不費吹灰之力就達成了，我不禁在心裡想著：

「幸好我在打第一通、第二通電話的時候，並沒有就此打退堂鼓……」

「客戶在拒絕我的時候，其實也正在測試我。」

第一次遭到拒絕就打退堂鼓的話，可以說是**門外漢的行事風格**。

第二次遭到拒絕就灰心的話，表示**並不是真心的**。

遭到兩次拒絕仍然能夠不屈不撓，主動聯繫第三次的話，才足以表示你是一位**熱情百分百的業務專家了**。

只願意和這種業務專家見面的客戶，其實他的內心必定也抱有上述的觀念。

總之，嘗試一次或兩次就打退堂鼓的話，將會造成極大的損失。

因此，我經常告訴自己：「被對方拒絕三次之前，絕對不可輕言放棄！」

Lesson

僅僅開口邀約一次的話，對方不太可能答應見面！
唯有主動開口三次，才有可能獲得對方的青睞。

女性和客戶是兩大考驗

我的好朋友M小姐曾經告訴我一件有趣的親身經歷。

M小姐是一位電眼美人，面貌姣好、身材窈窕、談吐高雅逗趣，當然吸引許多追求者。但是令人意外的是，他的男朋友長得並不帥，也並不怎麼有錢，只是一個普通的男性。

追她的男性應該有一籮筐才對。

「為什麼妳會和他交往呢？」

我向她請教挑選男朋友的要領。

原來答案很簡單，就是不輕易答應。

據說她每次都至少拒絕對方的邀約兩次。

「許多男性對我表示好感，但是我也搞不懂他們是否真的喜歡我，多數都只是隨口說說而已。」M小姐說。

「我也想試著去交往，卻無法抉擇。

所以，我決定用『拒絕』的方式來篩選。

十個人當中有八個人，只要被我拒絕，就不敢再跟我說話，
剩下的兩個人當中，大部分只要被我拒絕兩次，通常就沒有下文了。
但是，我男朋友則和那些男生不一樣，
雖然遭到我拒絕兩次，他還是主動邀我第三次，
其實他也在心裡盤算，如果這次再被我拒絕，就只好死心了。」
M小姐接著又說：
「被我拒絕兩次之後，仍然有勇氣邀我的話，表示他是真心的，
我希望跟真心待我的人交往！
光有熱情還不夠，一定要用行動來表示。」
她的這番話讓我深有同感。
女性在拒絕男性的時候，其實也是在考驗對方。
客戶也是一樣的。
唯有禁得起這種考驗的人，才能夠品嘗到醉人的美酒。
創造人脈的道理其實也是一樣的。

通過對方考驗的唯一法則

當你冒冒失失的主動聯繫某人時，剛開始對方大概會感到不知如何反應，有時候甚至沒什麼感覺。

但是，如果你第三次主動聯繫的話，情況就大不相同了。他對你的評語可能就是：

「小老弟（小老妹），看出來你真的很努力！很不錯喔！」

能夠做到這種程度的話，你自然就可能成為被篩選過的少數菁英，並因此而更顯突出。

假如你是一個沒有其他才華技能，更不知道如何讓自己攀上高峰的話，就更應該採取「主動聯繫3次法則」，才能夠讓自己在芸芸眾生當中突顯出來。

我更進一步請教M小姐：

「為什麼妳會堅持三次呢？」

M小姐的回答很有趣。

「如果第一次我就輕易答應的話，對方會怎麼想呢？

好像我根本沒人追，而且每天就閒著等男生約我。

所以第一次一定要斬釘截鐵的回絕！」

她說的果然很有道理……。受到男生第一次邀約就迫不及待答應的話，這種女生簡直形同廢物……。我可以理解這種說法。

「換句話說，不妨把第一次的邀約當做是對方隨口說說就好了。」

M小姐的這番說法簡直是真知灼見。

「第二次邀約的話，就先設定自己的時間上無法配合而加以拒絕。拒絕兩次之後，就要看看對方是否會提出第三次邀約。

不可否認的是，絕大多數的人都會就此打退堂鼓，不敢再提出邀約，這樣的話我就認為他對我的誠意原來只有這種程度而已。

不過，對方敢**再對我提出第三次邀約的話，我就會對他另眼相看。**因為他必須具備過人的勇氣，如果不是對我真心，絕對不會這麼做。其實我不會只相信一個人說的話，而是會觀察他的所做所為。」

聽完M小姐的這番話，更讓我對她心服口服。

第一次被拒絕就罷手的話，別人會認為你只是隨口說說而已。

第二次主動邀約還是會被對方質疑，因此，唯有消除對方的懷疑，才能夠向下一步

吉野式主動聯繫3次法則

推進。

第三次邀約就是以行動來表現真心與熱誠，也才能首度獲得對方的認同。

這個道理就和我在業務時代所提倡的「主動聯繫3次法則」剛好不謀而合。

創造人脈的情況也與此相同。

訣竅就在於你是否能夠通過對方的考驗，真正順利地和對方見面。

如果中途就舉白旗投降，當然永遠無法獲得成果。

究竟會堅持到哪個程度，才是攸關成敗的重要關鍵。

唯有主動三次才是致勝的關鍵。

總之，**「主動聯繫3次才能傳達誠意」**

正是創造人脈的最高原則。

> **Lesson**
> 被對方拒絕其實是對你的考驗，
> 主動聯繫3次才能真正傳達你的誠意。

前進、前進、前進、撤退

不過，如果主動聯繫3次之後，對方依然不為所動的話，那麼情況就另當別論了。

其中的原因可能是你的主動方式不對，讓對方不願意開口答應。

到了第3次之後，其實我們也很想得知對方的想法。

所以在第3次主動聯繫之前，一般人通常都會告訴自己：

「如果這次還是不行的話，就算了吧！」

但是，接下來又會心想：「這次如果對方還是沒有反應的話，我該怎麼做呢？」

我覺得這時候你應該就直接撤退。

因為人類是一種很有趣的生物。

別人越是追趕你就越想逃，別人一撤退反而你就會主動靠近。

這一點就非常類似愛情。

越是採取緊迫盯人的方式，就越沒有效果。

前面提到的電眼美女M小姐的情況也是如此。對方原本一再對她表示好感，有一天卻突然就此打住，反而讓她感覺寂寞，最後是自己主動聯絡。

所以，如果一再主動卻無法奏效的話，不妨就此罷手吧！

或許這樣才會真正了解對方的想法。

主動撤退之後，對方並沒有任何感覺的話，表示你跟他之間百分之百毫無希望。

你主動撤退之後，對方反而向你靠近的話，則有百分之百的希望。

總之，不論是談戀愛、跑業務或創造人脈，由於當中的主角都是人，所以其中的道理似乎就大同小異。

Lesson

不論談戀愛或創造人脈，一味主動不見得一定成功，第4次就要撤退，才能看穿對方的心意。

「釣竿人脈術」與「魚網人脈術」

崇拜已久的作者、從雜誌報導得知的德高望重的企業經營者、以及一直就很想認識的人，如果能夠真的和他們見上一面，一定是最令人感到雀躍的。但是，如何才能夠讓他們留下深刻且難以忘懷的印象呢……？

我將創造人脈的方法分為兩大類，分別為「**釣竿人脈術**」與「**魚網人脈術**」，均衡運用這兩種方法才能夠讓你心想事成。

腦袋裡時時謹記這兩種方法，並且善加運用，才可以有效創造人脈。

究竟該如何運用呢？

所謂「釣竿人脈術」，就是針對特定的人士，採取直接接觸的手段。

有關「釣竿人脈術」的重要訣竅，我將會在第四章「利用名信片、電子郵件奠定人脈基礎」當中詳細介紹，請務必仔細閱讀。

另一種**「魚網人脈術」則是平常就要多利用網路（包括部落格、網誌等等）、郵件的通訊錄、電子報等等，一點一滴的累積自己在網路上的粉絲，逐漸擴展更寬廣的人脈。**

利用「魚網人脈術」來吸引重量級的人脈

我曾經藉由「魚網人脈術」而開拓到重要的人脈。

這位人士就是「S．S．I株式會社」的創業者、也是現任社長**田中孝顯**先生，他是首位把勵志大師拿破崙希爾（Napoleon Hill）博士的成功哲學引進日本的人。

田中孝顯先生首創利用「速聽法」來開發腦力，並大力推廣素有成功人生指南之稱的「拿破崙希爾程式」，在日本造成重大影響，堪稱**日本的「成功學鼻祖」**。

我之所以能夠認識如此德高望重的重量級人物，也全都拜「吉野式魚網人脈術」所賜。

所謂「魚網人脈術」究竟有哪些具體的方法呢？

簡而言之就是**「由自己率先發出優質的訊息」**，**藉由這個方法可以吸引到罕見的一流人士**。

我得以認識田中孝顯先生的主要契機，就在於我的著作。

田中孝顯先生和他的公司員工閱讀過我所著作的「沒有商品也能賣的電話行銷術」，認為我和他們擁有相同的價值觀，所以他們就主動跟我聯絡。

以實際的狀況來說，即使一開始由我採取主動聯繫，恐怕也很難見到田中孝顯先生。之所以能夠吸引到他的注意，完全是因為我自己率先發出優質的訊息。

不過，大家可別誤會我的意思，我並不是說每個人都要像我一樣出書。

我說的並不是「出書」這件事，而是「發出優質訊息」的這件事。

以現實情況而言，想要主動發出訊息的方法非常多，而且也很容易說做就做。

例如：編輯部落格、發電子報、甚至也可以自行印發小冊子。

也就是說，你不應該只是一個「接收訊息者」，必須是一位「發出訊息者」，才能夠吸引到別人的注意。

不過，**你所發出的訊息種類將會決定吸引到的人脈型態。**

所以，一定要仔細考慮到這一點，謹慎決定自己所要發出的訊息種類。

以下就是田中孝顯先生主動跟我聯絡之後，我利用郵件和他確認見面時間的內文片段。

如果這封郵件內容可以提供各位做為參考之用，將是我無上的榮幸。

「S．S．I株式會社」

首席執行顧問

田中孝顯先生

非常謝謝您的關照。

我是「行銷支援顧問股份有限公司」董事長吉野真由美，承蒙貴公司的邀請，我將在6月18日和24日，在貴公司東京總部開設有關「邀約見面與說服客戶」的研討課程。

我衷心感謝田中孝顯先生撥冗閱讀我所寫的「沒有商品也能賣的電話行銷術」。

如果這本書能夠為貴公司提供一點棉薄之力，將是我無上的榮幸。

也非常感謝您願意抽空閱讀我的著作。

又承蒙您將本書推廣到貴公司的員工手上，謹在此向您致上無限的感謝之意。

我曾在幼兒英語教材公司任職十二年，後來擔任區域業務經理，努力拓展業務。

當時我大膽採用毫無業務經驗的新進人士，努力培育他們成為專業的業務員，並且致力提升整個業務部門的業績。

當時的努力幫助我培育出高超的業務技巧，讓我可以利用演講或研討會的方式，為企業提供專業知識，幫助企業提升業績。

早在當時，我就對幹勁十足與充滿商業魅力的
「S．S．I株式會社」和田中孝顯先生景仰已久。

因此，能夠獲得貴公司的青睞，
讓我能夠為S．S．I株式會社的員工開設研討會，
是我至高無上的榮幸。

我暫且先以這封書信向您致意，
並請您撥出一小時的時間，讓我親自拜訪您，
不情之請敬請原諒。

誠摯期盼S．S．I株式會社與田中孝顯先生

業務蒸蒸日上，
今後也敬請多加關照。
行銷支援顧問股份有限公司
董事長吉野真由美

第4章

利用名信片、電子郵件奠定人脈基礎

成功創造人脈的3大要領

你現在最想見的是誰呢？或是你已經找到你想見的人了嗎？

第一步就是要先確認自己的志向，並設想出可以真正實踐的方法。

經過這個步驟之後，目標就更明確了。

「我希望獲得那位高人的建言。」

「我希望能夠見到他，並且當面向他請益。」

「在這種情況下，不知道他會有什麼看法？」

即使對方的職業領域和你不同也無妨，因為不同的職業領域或許更能夠提供你不同的看法。

以下就具體介紹有關「主動聯繫」的方法。

2 電子郵件
3 電話

三者當中最容易受到對方排斥的是突然接到電話。

最軟調的方式則是利用明信片或電子郵件，因為這兩種方式可以輕易讓對方得知你的存在，並可藉此來表達你的用意。

或許有人會懷疑為什麼不用寫信，卻要用明信片的方式。

寫信或寫明信片都是具體的主動聯繫方式，不過，**我強烈建議各位採用寫明信片的方式**。

我的理由有兩個。

第一個理由是**可以讓對方在一秒鐘之內就得知來信的內容**。一個讓你崇拜已久的人物，必然是很忙碌的，甚至要他花幾秒鐘的時間來拆信都會令他感到厭煩。

因此，採用可在瞬間得知信件內容的明信片，可以說是體貼對方的具體做法。

第二個理由是，信封式的郵件固然具有隱密性，也表示禮貌性的請對方親自展信，但是也容易讓人以為信件中可能有不願意讓別人看到的內容，**對收信者而言，往往會**

覺得有點「沉重」。

再者，對現代人而言，接到陌生人的來信時，一般人往往會懷疑「裡面究竟有什麼東西呢？」或是認為「裡面該不會有危險物品吧？」也就是**會讓收信者產生戒心，最後將信件擱置一旁**。

由此可知，一眼就可以看清內容的明信片反而不會令人產生戒心，而且對於忙碌的收信者而言，也是比較貼心的做法。

在這種狀況下最適合採用寫信方式

但是，其實在某些狀況下，採用寫信的方式更能發揮最佳的效果。

只要能夠符合以下的條件，就適合採用寫信的方式。

1 明信片的空間無法詳盡地敘述你的滿腔熱忱
2 贈送對方物品的時候（送書或雜誌），同時附上一封信
3 表達你的歉意的時候

而且最好**在信封外面寫明裡面的內容**。例如：**「內有大作的感言」**或是**「內有致歉信」**。

曾經有人寫信給我，令我深受感動，並因此和對方締結很好的關係。

此人就是在某證券公司上班的**增井奉政先生**。

> 吉野真由美小姐：
>
> 您好，我是住在奈良縣的一名上班族，名叫增井奉政，這個月24日即將參加過您所主持的「簡報達人」研討會。
>
> 我之所以寫這封信給您，是因為我拜讀過您所寫的「馬上提升7倍魔法電話行銷的絕對法則」，讓我的生活有了飛躍的進步，所以我一定要向您致謝。
>
> 有幸拜讀您的大作其實是非常偶然的。
>
> 有一次我和朋友約了見面，剛好有點時間就到紀伊國屋書店隨興逛逛，突然有一

個迷人的笑容映入我的眼簾，不過，我認為這一類專業書籍的內容，一般人通常不太容易做到，所以當時雖然注意到這本書，卻只是擦身而過。

和朋友吃過飯，回到家之後，那個迷人的笑容卻一直浮現在我的腦海，而且有一股強烈的後悔襲向心頭。

我怪自己為什麼當時沒有進一步翻閱那本書，那本書可能會帶給我非常重大的影響，而且可能這麼錯過就被別人買光，再也買不到了。

隔天一大早，我立刻趕往紀伊國屋書店買下這本書。

這本書果然為我解開不少迷惑。

過去我一直不相信電話行銷居然具有這麼多的成功法則，不僅推翻了過去我所了解的業務型態，同時也帶給我極大的衝擊。

我立刻學會把自己想問的問題先寫在紙上，也學會清楚告訴別人我的志向，這些方法不僅讓我獲得過去絕不可能有的絕佳成果，也認識了過去絕對不可能認識的才華一流的朋友，這完全都是拜您所賜，非常感謝您。

我很期待您將在24日舉辦的「簡報達人」研討會，一想到我將可以從這場研討會中，分享到您人生中的精髓，就讓我滿心雀躍期待著。

尤其是我還報名參加研討會之後的懇談會，更讓我喜不自禁，因為我有太多問題想要請教您。

接著我又想到，我可以把這些有趣的內容和朋友分享，並可以藉此和朋友之間形成良好的工作團隊，光是想到這裡就讓我更加雀躍，甚至可以連吃三大碗飯。

其實我還只是一個「菜鳥」，我不知道是否能夠完全吸收您的教導，不過，在研討會當中，我一定會努力學習您所教導的一切，所以，我非常期盼24日趕快到來。

謝謝您願意展讀我這位陌生人的來信，過去您應該沒有接過這麼突兀的信件才對，謹在此對您致上我最深的歉意。
最後，我只想告訴您，我很期盼24日那一天。

平成20年3月19日 增井奉政　敬上

行銷支援顧問股份有限公司
吉野真由美董事長收

接到這樣的信件，恐怕不會有人不予理會吧！在那場研討會中我見到了增井先生，後來我們也成為工作上提供建言的關係。

這樣的明信片與電子郵件非常有效！

接下來我要具體介紹明信片與電子郵件的書寫方式。

許多人寄給我明信片與電子郵件。

而且多數是在宴會或研討會當中只有一面之緣的人寄來的，有些則是從未謀面的人（例如讀者）寫信告訴我他們的感想或鼓勵我的話。

我很感激他們寄來的信件，每一封我一定親自拆閱。

寫信或電子郵件或是打電話給我的人，並非每個人都可以跟我見面，但是不可否認的是，我會和其中一小部分的人會面，而且事後還維持很好的關係。

我並沒有確實計算過我所見過的人數，不過實際和我見過面的人大約不到總人數的一成。

和我見過面的人不到一成，不曾和我見過面的人多達九成以上……。

這當中為什麼會有這麼大的差異呢？

信件內容究竟有何差異？

我絕對不是不想見到那些人！

主要是因為他們所**表達的意思並不明確**，也就是他們「**主動聯繫**」**的意思並不完整**，我根本不明白他們要的是什麼？所以就沒有進一步的發展。

接下來我要介紹兩個成功和我見面的例子。

這是我收過的一封明信片和一封電子郵件。

收信後的一個星期之內，我就分別和他們約好午餐會面的時間。

究竟是怎樣的一張明信片內容，讓我想和他見面呢？

究竟是怎樣的一封電子郵件，讓我想看到對方的廬山真面目呢？

以下就讓我們來看看這個實際的例子。

令人目不轉睛的明信片和電子郵件

①一位二十多歲的烏骨雞蛋經銷商——大森悠先生寫給我的明信片

首先請各位先看看114～115頁所刊載的明信片。

這位**大森悠先生**是我的讀者。

我很感謝每位寫信給我的讀者，我必定親自拆閱每一封，但是，看完這張明信片之後我根本無法隨手擱置，反而是把我的目光停在這張明信片。

這張明信片或許和一般抽獎用的明信片並沒有兩樣。

但是對於每天收到許多明信片的人而言，這些明信片又可分為兩大類，一種是**會發出一陣陣光環，讓人留下強烈的印象**；另一種則是平凡的根本不會引起收信者的注意。

大森悠先生的明信片就屬於可以引人注意的典範。

乍看之下，這張明信片並未達「特優的」、「知性的」或「一級棒」的程度，說它非常成熟高雅，倒不如說有點稚嫩。

然而不可否認的是，它確實吸引到我的注意。

我吩咐秘書代為聯絡，約好一個星期後的午餐會面。

大森先生的明信片看似樸拙，其實完全具備引人注目的所有條件。

背面

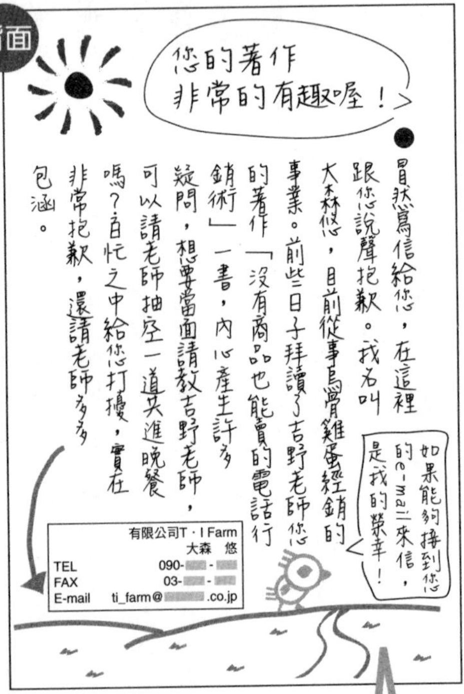

您的著作
非常的有趣喔！
冒然寫信給您，在這裡跟您說聲抱歉。我名叫大森悠，目前從事烏骨雞蛋經銷的事業。前些日子拜讀了吉野老師您的著作「沒有商品也能賣的電話行銷術」一書，內心產生許多疑問，想要當面請教吉野老師，可以請老師抽空一道共進晚餐嗎？百忙之中給您打擾，實在非常抱歉，還請老師多多包涵。
如果能夠接到您的e-mail來信，是我的榮幸！
有限公司T・I Farm
大森 悠
TEL 090- -
FAX 03- -
E-mail ti_farm@ .co.jp

- 充分表達「專為對方而寫」的感覺
- 充分表現自己
（明確表達你是什麼樣的人以及你的志向）
- 寫清楚你寫明信片的目的
（例如想約對方吃飯）

大森悠先生寄來的明信片

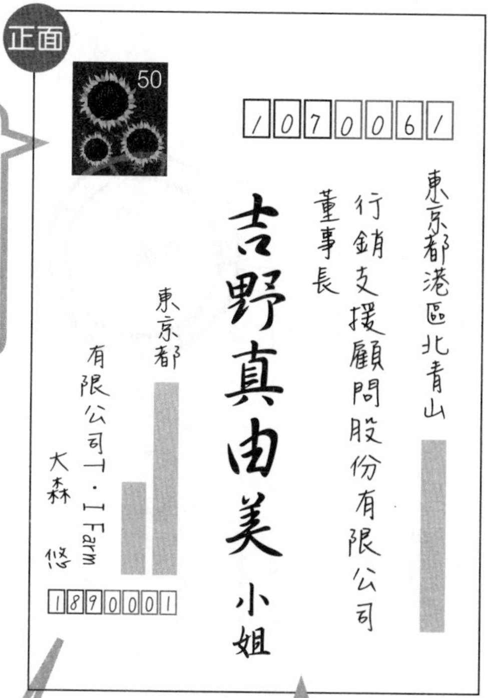

郵票
採用有紀念性的郵票是值得推薦的做法。

收信者姓名
用正楷把對方的公司名稱、職稱與姓名寫清楚
※注意別把「吉」的上面寫成土。

明信片
選擇特殊紙張的明信片可以讓人留下深刻印象，但是宜採取一般的尺寸。

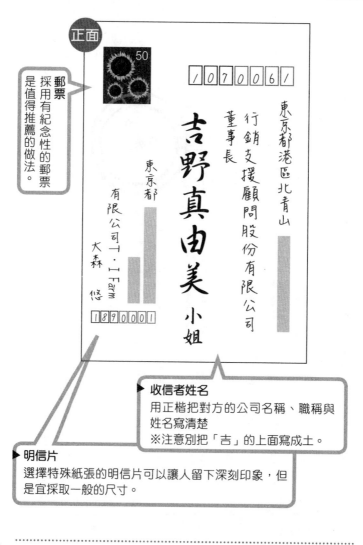

我們**先從明信片的正面看起**。

大森先生用漢字正確書寫收信者的公司名稱、職稱與姓名。以我的姓氏來說，很多人會把「吉野」的「吉」寫成「土口」，寫錯收信者的姓名往往就會讓人覺得寄信者的態度稍嫌草率。

其實只要稍微用點心思，就可以獲得截然不同的效果。

例如選一張**特殊紙張的明信片或是貼有紀念郵票的明信片**，就會讓收信者產生受重視的感覺，並可以令對方留下深刻的印象。也就是這張明信片看似普通，卻可以充分表達出**這是一封專為對方精挑細選來表達自己心意的明信片**。

必須注意的是，雖然你要表達的是和別人有所不同，但是明信片的尺寸大小絕對不可以相差太大，因為很多人喜歡把明信片充當書籤使用，我就經常利用明信片夾在我的記事簿上。所以如果寄的是大張明信片，就無法讓對方充做書籤來使用。

我認為**不論名片或明信片，最好都採用一般常用的尺寸**。假如你用的名片比一般的還要大的話，就無法收放在名片匣；同樣的，如果使用大尺寸的明信片，在收放方面也很不方便。

至於明信片的背面，114頁稍微簡單介紹，接著將會在後面提及。

②社交禮儀學校畢業想當講師的中山由紀子小姐寄給我的電子郵件

接下來我要介紹的是一封電子郵件，這封郵件促成了我們雙方的實際面談。

這是我在參加一場宴會之後收到的電子郵件。我覺得她最值得稱讚的是，她談到和**我見面時所穿的服裝以及簡單扼要的自我介紹**，讓我可以輕易地連想到她本人。

此外，她對自己充滿自信，還在郵件中提到「承蒙您對我感興趣」，這的確是最高招的手段。

能夠受到這種自我意識超高的人來主動聯繫，確實可以說是我的榮幸。

附帶一提的是，電子郵件中所提到的**鳥居祐一先生**，就是暢銷書籍「為什麼錢都跑到有錢人手上」（青春出版社）的作者。

> **我是中山由紀子**（當天穿著綠色洋裝）
> **在鳥居祐一出版記念宴會上承蒙您和我打招呼。**

能夠見到您的廬山真面目，
又能夠承蒙您對我感興趣，
確實是我無上的榮幸。

我在去年七月
畢業於女子社交禮儀學校，
目前，
擔任學校的助理，
希望有朝一日能晉升為講師。

其實我原本打算在星期六就寄出郵件，
又擔心假日期間您不會收信，
所以遲至今日才向您問候，
敬請見諒。

謹以此封郵件

非常慎重地向您問好。

中山由紀子

無法引人注目的明信片與電子郵件

接下來我要談到的是，哪種明信片絕對無法幫助您創造人脈。

在明信片的背面只寫著諸如「非常高興見到您本人」幾個大字的話，就是非常失敗的例子。

事實上我經常接到這類明信片。

這類明信片所傳遞的訊息其實並沒有錯，只是這種寫法並不會讓你的人脈有所進展。

寫明信片的動作本來就值得嘉許，**可惜的是明信片的內容無法產生後續的作用。**

更讓人感到惋惜的是**使用印刷好的明信片或公司印好的明信片，而且只是簽名卻沒**

有寫下任何訊息。

寄出這種明信片只是滿足了自己「寄出明信片」的意願而已。只在明信片載明自己的公司名稱和姓名的話，絕對無法讓對方聯想到你的臉龐，更不可能知道你在業界的活躍程度，也不知道你曾經有過哪些功績，當然就不知道究竟能夠和你一起共創什麼事業。

而且對方一定也會收到許多類似的明信片，根本無法一眼就看到你的明信片。

在我參加過一場宴會或研討會之後，通常都會接到許多這類的明信片。看過這些明信片之後，經常讓我感覺到「原來會場上有這樣的人啊！他真的很努力呢！」但是之後我們之間通常並不會見面，在彼此的工作上也不會有任何發展。

電子郵件的情況也是一樣，類似的文章通常只會讓我「過目即忘」，並不會留下特別深刻的印象。

不會產生後續發展的5種失敗因素

大森先生和中山小姐的信件和那些被我「過目即忘」的信件究竟有什麼差異呢？

經過我詳細比較之後，歸納出以下五種失敗的因素。

【5種失敗的因素】

1 重量不重質
2 隨興所至
3 你到底是誰？
4 過度業務性
5 最後沒有任何提議

接下來我將詳細解說這五種失敗因素。

失敗因素1　重量不重質

也就是說，同時把相同的明信片或電子郵件寄給許多人。

我把這類信件稱為「**散槍打鳥**」信件，明眼人一眼就可以看出寄件人的心態，他們打的如意算盤就是多寄多中，起碼也可能獲得一兩個人的青睞。

但是，對收信者而言，**這類信件並非專門為「我」而寫，即使不加理會也無妨，反正有人會給他回應才對。**

因此，收信者當然就不會想和對方見面。

失敗因素2　隨興所至

寄件人不太了解收信人的背景，不僅從沒看過收信人的作品、收信者的理念也從未令他感動。

如果從信件中可以窺探到上述氣氛的話，收信人就會認為：「**他只是隨興所至寄信給我，其實他對我是不太感興趣的！**」

從明信片似乎也可以聯想到寄信者的心態是：「對方是名人，如果我能夠和他沾點邊就太幸運了！」

如果真的有心想和對方見面，最起碼也要**先徹底了解對方**才對吧！

失敗因素3　你到底是誰？

這個因素是最常見的。我經常接到寫滿職稱、姓名、地址、電話號碼和E-mail的明信片。

但是，收信者根本無法從這些資料得知你是誰？你的目的是什麼？你有什麼志向？更不知道我能幫上什麼忙？

其實只要寫上短短一兩句話就夠了。

例如：簡短的自我介紹以及你的想法，還要簡單扼要的寫清楚你來信的目的。

唯有寫明上述的要件，收信者才能夠了解你的想法，也才會對你有興趣。

失敗因素4　過度業務性

名人通常都會接到許多慕名者的來信，假如你所寫的明信片並無突出之處，當然不可能引起對方的注意，所以光是寄出信函是毫無用處的。

字體工整或零亂草率都不是問題的關鍵所在。

最重要的是要讓收信者看得到你的「用心」。

寫錯字或掉字當然是絕對要避免的，不過，**比這個更重要的就是一定要讓對方看得到你的「用心」**。

把郵件寫得像業務信函，並且大量發送給許多人，這種做法絕對不會獲得對方的賞識。

失敗因素5　最後沒有任何提議

即使在信件最後寫上「今後請您多多提拔照顧」，**收信者也搞不懂你要他幫忙做什麼事**，所以收信者當然就無法給你進一步的回應。

大森先生的明信片和別人的最大差異就是，他在信件最後寫著「希望能夠和吉野老師一起用餐」，所以他才能夠夢想成真。

如果你不喜歡「一起用餐」的話，也可以寫「一起喝茶」或是「打電話聯絡」等方式。

總之，沒有任何提議的明信片就等同沒有寄出明信片一樣。

Lesson

光是寄出明信片或電子郵件是毫無意義的 避開5種失敗因素，吸引收信者的注目

利用明信片或電子郵件成功創造人脈——5種絕對法則

介紹過上述的例子之後，緊接著就要介紹利用明信片或電子郵件，成功打動對方的具體要領。

只要懂得掌握這些因素，即使對方是知名的大人物，也可能因為一張明信片就達到你和他正式接觸的機會。

【5種成功因素】

1 「only you」理論

2 「你最棒！」理論

3 自我表現法則
4 表現出「人的味道」
5 具體提出你的希望

接下來就逐一介紹5種成功要領的詳細內容。

成功因素1 **「onlyyou」理論**

「我只寫信給你」、「你很特別」、「我很想和你見面」……**每個人都希望自己在別人心中是「很特別的」**，所以很愛聽這類的話。

明信片的寄出數量其實也不必太多，只要一心一意想和對方見面、想和對方建立關係，才會誠心誠意的寫這封明信片。

也就是說要重質不重量。

成功因素2 **「你最棒！」理論**

如果你確實是對方的粉絲，而且非常渴望和對方見面的話，一定要熟讀他的著作、收集報章雜誌上有關他的報導、甚至還要熟知他出現的電視節目。

一定要確實找出他的優點與值得稱讚之處，並且用屬於自己的文字充分表達出來。不需要特別的阿諛奉承，因為過度矯揉造作很容易就被看穿。

最重要的是，一定要用自己的文字來表達自己對他的感覺，以及他在你心目中的價值。

成功因素3　自我表現法則

收信者在閱讀信件的時候，最在意的當然就是「這個人究竟是誰呢？他是個怎樣的人呢？」所以，一定要充分的自我表現一番。

可以自我表現的難道就只有公司名稱、職稱和姓名嗎？

我覺得應該不只如此吧！你可以參考156頁所介紹的「**30秒自我介紹術**」。

可以自我表現的項目包括：你的長相特徵、志向願望以及自己可以為對方做什麼事。

接下來就要介紹幾個比較具體的例子。

【S先生（業務）】

「我立志每星期看兩本書，一年來總共看了一百本書。我認為不斷自我成長才能獲得成功，而且應該從書本上去學習。很幸運的正好看到吉野老師所寫的業務方面的書籍『沒有商品也能賣的電話行銷術』，真的讓我受用無窮。我試著採用書上所說的電話行銷的要領，不僅獲得客戶的信賴，客互也願意幫我傳遞訊息，讓我的業務蒸蒸日上。」

【G先生（辦事員）】

「我現在正在學習「公開簡報」的課程，因為我計劃在兩年之內開設公司，並希望自己能夠創業成功。

我曾聽說過，一個成功者的內心必定有一位值得他效法的人或一句話，我覺得吉野老師就是我要效法的人。

我參加過吉野老師的『簡報達人』研討會，我隨身攜帶吉野老師的上課筆記，有空的時候就隨手翻閱，讓我獲益良多，盼望下次還能夠參加吉野老師的課程。」

【H先生（自營商）】

「前些日子參加吉野老師的課程之前，其實我在工作上遭遇極大的挑戰，我根本不懂得如何帶領新進員工。

但是，上完吉野老師的課之後，我突然像被老師點醒一般，從老師的談話當中獲得許多靈感，下課走回家的路上，我的心情輕鬆愉快，簡直是神清氣爽、走路有風。

我真的沒想到，只上一次吉野老師的課，居然就有如此大的變化，真的很謝謝您。」

成功因素4　表現出「人的味道」

前面提過「過度業務性」是5種失敗因素之一，相對的，「表現出人的味道」則是成功的要領之一。

表現出「人的味道」的話，別人會討厭嗎？

答案是「不會」。根據心理學家查爾迪尼的研究，得出「**有人味就受人歡迎**」的法則。

不過，絕對不能是嘲諷或惡作劇。從好的一面來說的話，**喜怒哀樂的表現**其實也是一種「人味」的表現，所以，我希望大家都能有這個認知。

成功因素5 具體提出你的希望

大森先生的明信片和其他沒有得到我的回音的信件當中，最大的差異在於他在最後具體的寫明希望和我吃一頓飯。

即使你在信件當中的每一句話都很誠懇，如果沒有具體寫明你的目的與希望的話，收信者當然不會有任何反應，當然就不能回答你「Yes」or「No」。因此，你一定要明確地說出「重點」。

我在59頁所提到的我和朝倉社長的情況也是如此。

正因為我很具體的表現出「希望對方為我做什麼事」，朝倉社長才能夠盡力協助我。

假如我只在信上寫著「我很努力，所以請您一定要支持我」，結果將會是怎樣呢？

我相信朝倉社長還是會跟我說「我支持妳」，但是，當她考慮要採取何種行動來幫助我的時候，恐怕已經浪費不少時間了。

所以，**在明信片的末尾一定要具體提出自己希望對方做什麼事情以及箇中理由。**

如果省略掉這個步驟，就有如在一個沒有塞子的浴缸放洗澡水，結果當然是可想而知的。

> Lesson
> **掌握5種成功因素，將會大大提升你與名人面對面接觸、獲得幫助的機會。**

5種成功的因素

成功的因素1 「only you」理論

「我只寫信給你」、「你很特別」、「我很想和你見面」……每個人都希望自己在別人心中是「很特別的」，所以，明信片的寄出數量不必太多，一定要誠心誠意寫一封明信片。也就是說要重質不重量。

成功的因素2 「你最棒！」理論

一定要熟讀他的著作、報章雜誌的報導、甚至還要熟知他出現的電視節目。確實找出他的優點與值得稱讚之處，並且用屬於自己的文字充分表達出來。

成功的因素3 自我表現法則

參考156頁所介紹的「30秒自我介紹術」。可以自我表現的項目包括：長相特徵、志向願望以及自己可以為對方做什麼事。

成功的因素4 表現出「人的味道」

心理學上有一個「有人味就受人歡迎」的法則，藉由喜怒哀樂來表達「人味」。

成功的因素5 具體提出你的希望

具體寫出自己希望對方做什麼事情以及箇中理由，也就是明確地寫出重點，例如：「我想和你吃一頓飯」。

明信片、電子郵件成功的因素與失敗的因素

5種失敗的因素

失敗的因素① 重量不重質

同時把相同的明信片或電子郵件寄給許多人。對收信者而言，這類信件並非專門為「我」而寫，即使不加理會也無妨，反正有人會給他回應才對。

失敗的因素② 隨興所至

寄信人不太了解收信人的背景，不僅從沒看過收信人的作品、收信者的理念也從未令他感動。收信人會認為：「他只是隨興所至寄信給我，其實他對我是不太感興趣的！」

失敗的因素③ 你到底是誰？

信件上將職稱、姓名、地址、電話號碼和E-mail寫得清清楚楚，但是，收信者根本無法從這些資料得知你是誰？你的目的是什麼？你有什麼志向？

失敗的因素④ 過度業務性

把郵件寫得像業務信函，並且大量發送給許多人，這種做法絕對不會獲得對方的賞識。寫錯字或掉字更是要避免，一定要讓對方看得到你的「用心」。

失敗的因素⑤ 最後沒有任何提議

即使在信件最後寫上「今後請您多多提拔照顧」，收信者也搞不懂你要他幫忙做什麼事，所以收信者當然就無法給你進一步的回應。

第5章

吸引對方想進一步和你交談的成功說話術

贏得成功者歡心的溝通技術

在這個世界上，比我們優秀且有能力的人簡直是多不勝數。

假設你很想認識一位德高望重的人士，你也試著主動聯繫，終於有機會可以和他見面，你一定是滿心期待，而且也會有以下的心態：

我一定要盡量有所收穫！

我一定要讓他對我留下深刻印象！

我希望他從今以後都會照顧我！

但是，如果你不懂得溝通的訣竅的話，恐怕僅此一次而已，下次再也沒有見面的機會了。

和對方見過面之後，有的可以成為一輩子受用無窮的好朋友，有的卻只是互換名片之後就毫無瓜葛，其中的最大關鍵就是你的說話方式，也就是一般所說的「溝通術」。

和別人聊天說話有時也必須運用到戰術。

和長輩交談的成功說話術

和長輩交談的時候，應該注意哪些說話要領呢？

「對大部分的人而言，什麼狀況才會讓他們感覺到收穫最多呢？」

答案很簡單，那就是「盡量讓他說話」。

越是了不起的人物，就應該讓他們說更多，我們則細心聽取每一句話，並且努力吸收。

每次我要和長輩見面的時候，我絕對抱持這種心態。

總之，盡量讓對方說話的理由有以下兩個。

1　可以從對方言談中獲得成長的精神糧食

從對方的談話當中（包含他自吹自擂的部分），可以吸收到許多成功的秘訣或訣竅，可以成為幫助自我成長的精神食糧。

2　可以滿足對方的「力量的欲望」，讓對方更加喜歡你

事業有成者通常少有機會可以吹噓自己成功的過程，而且他們會經常告訴自己

不可過度傲慢，所以就很少提到光榮的過往。

因此，當我有機會和事業有成者聊天時，我會扮演聽眾的角色，盡量讓他們鉅細靡遺的提及當年勇，來滿足對方的「力量的欲望」，所以，當然就能贏得他們的歡心。

過去的日本，不論在體育界、武術界或藝術界當中，學長（姐）和學弟（妹）的上下關係非常明確，所以，多數人都懂得「下敬上」的倫理關係。

但是，最近的一、二十歲的年輕人，已經少有這種「上下關係」，甚至連表兄弟姐妹、堂兄弟姐妹或是隔壁的大哥哥大姐姐都已經很少見，於是越來越多年輕人根本不懂得如何和長輩接觸。

即使有機會見面，卻不懂得如何挖寶，簡直就是「入寶山空手而回」，損失了大好的機會。

如果你不希望過去的努力化為泡影，不妨參考我接下來所要介紹的**「吉野式溝通談話術」，只要照其中的方法去做，就可以讓對方成為你的朋友，甚至還會非常珍惜疼愛你。**

Lesson
有機會和事業有成者聊天時，
應該盡量讓他們暢所欲言。

盡量讓對方暢所欲言才是致勝關鍵

和別人聊天之後，許多人會猛然發現到，幾乎有八成的時間都是自己滔滔不絕說個不停。

如果聊天的話題讓大家都感到輕鬆愉快的話倒是另當別論，不過，有些時候實在應該自我克制一下。

尤其是和長輩見面的時候，更應該自我警惕。

一定要抱持以下的心態：

「今天我要抱持『虛心受教』的態度，絕對不可以自己滔滔不絕說個不停。」

說話者和聽話者之間，哪一個比較具有「幹勁」呢？

答案當然是「說話者」。

所以，如果希望對方「充滿幹勁」，也希望聽到對方的經驗之談的話，首先就要準備讓對方暢所欲言。

以下就是我的一次經驗。

Y社長是業績鼎盛的大公司負責人，有一天承蒙他邀請我和我的秘書一起用餐，地點選在Y社長非常引以為傲的、也是他本人所擁有的餐廳。

我對這次的會面抱有很大的期望。

一切順利的話，我將可以和他合作，展開更大型的商業規模。

所以，這次的餐會只許成功不許失敗……。

赴約之前，我先交代我的秘書說：

「平常我總是話匣子一開就停不了，今天如果還是這樣的話，恐怕就無法成功了。我一定要讓他暢所欲言，尤其要讓他很自然提及過去光榮的往事，從他的談話中必定可以讓我受益良多，而且也可以讓用餐氣氛更融洽。

所以，妳要坐在我的旁邊，

只要覺得我說得太多，就碰我的膝蓋提醒我一下。」

我接著又對我的秘書說：

「一旦Y社長對我說：**『今天晚上好像都是我在說話！』**就表示今天晚上果真讓他暢所欲言，而且也贏得他的歡心，當然就表示這次的餐會是非常成功的！

所以，妳一定要幫我讓Y社長成為今晚的主角。」

我和秘書做好心理準備之後，就準時赴約。

一開始我就主動提出談話主題，完全讓自己扮演聽眾的角色。

「○○社長，您真厲害，白手起家就能創下現在的規模……」

「您是在什麼機緣下從事這種生意呢？」

「不知道您是否願意告訴我們這一段故事呢？」

「原來有這麼一段辛苦的歷程啊！一點都看不出來呢？」

時間就這樣一分一秒的過去，不知不覺就過了兩個小時。

等到侍者送上飯後甜點的時候，Y社長終於說出我最盼望的話：

「抱歉，今天晚上好像都是我在說話，哈哈哈！」

Y社長的語氣聽起來似乎很高興。
事實上也誠如他所說的，當天晚上大約九成的時間都是他在說話。
當天過後，我和Y社長之間當然就水到渠成的建立緊密的生意關係。
我和秘書的內心裡都知道我們在這一場餐會是獲得全勝。
此外，在我們的談話當中，Y社長教導我們有關公司發展的重要秘訣，所以，這是一場極有收穫的餐會。
之所以能夠擁有這麼好的成果，完全都是因為我們在事前就已經訂妥目標了。

【目標】盡量讓對方暢所欲言
　　　　↓
【結果1】我們可以獲益良多
　　　　↓
【結果2】讓對方大談成功的經驗，藉以滿足他的「力量的欲望」，也可以贏得他的好感。

所以，這個餐會完全達到「一箭雙鵰」的功效。

從此以後，我就對這種法則奉行不渝，也就是每次和別人溝通聊天時，最高目標就是讓對方說出「我好像說太多了」。

只要讓對方說出這句話，一定可以贏得對方的好感，更可以和他保持長久的關係。

Lesson

「好像都是我在說話！」只要對方說出這句話，就表示你已經得到勝利。

如何獲得成功者的青睞呢？

一個成功者、權力者或高高在上的人，最喜歡怎麼樣的人呢？

你是否曾經想過，怎樣的人才能夠獲得成功者的青睞，而且**可以輕易獲得成功者的援助呢？**

答案非常簡單。

每個人都喜歡和自己很接近或是和自己很相似的人。

成功者究竟是怎樣的人呢？

簡而言之，成功者就是曾經努力不懈的人。

不論是否繼承家裡的才華或財產，成功者一定在某個階段有過努力不懈的拼鬥時期。

我很喜歡一個故事。

是有關非洲巫師的故事。

當地是乾旱地帶，但是，只要這位巫師進行祈禱儀式的話，就必會下雨。

而且據說百分之百一定下雨。

為什麼會這樣呢？

答案很簡單。

「就是一直祈禱到下雨為止。」

所以，所謂「只要祈禱就必定會下雨的巫師」，真正的說法應該是「一直祈禱到下雨為止的巫師」。

由這個故事即可得知，**所謂「成功者」就是「一直努力到成功為止的人」**。

換句話說，這些人絕對不會中途投降，也不會半途而廢。

人生本來就有高峰與低潮，即使處在危機不斷、連連發生不幸的時候，仍能堅忍不拔堅守崗位，克服各種困境與挑戰，化不可能為可能，最後才能成為一位成功者。

現在讓我們回歸主題：成功者究竟會喜歡什麼樣的人呢？

答案就是「像他自己」的人，簡單而言就是：

【符合成功者口味的條件】

從過去到現在都努力不懈的人

並非完全仰賴幸運，凡事都很努力，從不灰心喪志的人

放眼未來，每分每秒都拼命去做的人

答案就是這麼簡單。

所以，如果你希望能夠認識成功者或事業有成的人，並期盼能夠得到他們的欣賞與協助的話，**首先就是現在必須比別人更努力百倍甚或千倍。**

站在成功者這一方來看的話，他們的想法是：

「對於散漫的現代人而言，他們怎麼可能會了解我說的話和我的價值呢？和這些不長進的傢伙聊天簡直是對牛彈琴。」

「從過去到現在我一直很努力，真希望能夠找到了解我的價值的人，跟他聊聊天或是提供他一些協助。」

此外，這些成功者可能也有以下的想法：

「我希望能夠從兢兢業業做事的後輩身上學習到蓬勃朝氣與幹勁，並且希望他們能讓我更具有感性。」

由此可知，努力不懈的人是獲得成功者青睞與協助的首要條件。

如果希望自己能夠不卑躬屈膝、光明正大和任何人見面的話，首先就是**凡事都要積極努力，竭盡所能去達成今天的工作，才能讓你擁有好的開始。**

所以，成功與否並非只看現在而已。

即使在面對人生低潮困境，依然要保持處變不驚的態度，盡自己最大的所能對工作努力不懈，這才是最重要的。

只要這時候能夠從谷底往上爬的話，經過一段時日之後，當你回首往事，就會驚覺過去所走過的路其實就是自己的職場人生。

現在無法從谷底往上爬的話，根本沒有資格談什麼人脈。

因此，如果希望將來自己可以援助別人，第一步就是要在今天的工作盡最大的努力。

> **Lesson**
> 期盼能夠得到成功者的欣賞與協助的話，首先就是現在必須比別人更努力百倍甚或千倍。

讓自己成為具有貢獻力的人

一談到拓展人脈，腦袋裡就浮現出可以從別人身上得到什麼？或是別人可以為你做什麼的話，就沒有資格談到拓展人脈。

唯有先想到自己如何才能幫助他人、以及如何讓自己更具有貢獻力，才有可能在需要的時候請求別人協助幫忙。

如何才能讓自己成為對他人有助益的人呢？

首先就是專精於自己的工作。

對現代人而言，其實已經沒有過去所說的「嚴厲的考驗」。

每個人幾乎不愁吃穿，基本生活條件也幾乎受到保障，在某種意義上來說，我們是活在「受寵愛」的狀態之中。

在這種狀態之下，**唯一能夠磨練我們心志的，讓我們更加閃亮耀眼的就僅剩下「工作」而已。**

絕對不要再抱怨現在的工作或環境，努力面對一切考驗才是最重要的。

不論你做的是業務方面的工作、技術層面的工作、耗費體力的工作或是非常狹隘的工作範疇，只要在自己的工作領域成為專家或專業人士，一切就能從這裡起步。

以精益求精的心態專心致力於自己的工作，成為工作上的專家，也成為無人可以替代的專業人員的話，才擁有足以幫助別人的力量，即使是很狹隘的工作知識，也可能在某天可以幫上別人。

不論在哪個地方，只要身懷高水準的技藝，看在別人眼中就是很了不起的人物。

所以，就會有一群更高水準的人脈正等著你去認識或交往。

我就有過以下的經驗。

當我還從事幼兒英語教材的業務時，每天都是忙得昏天暗地。

我經常需要拜訪許多家庭，為小孩子的雙親講解幼兒英語教育的重要性，每個週六與週日根本無法休假。

有些媽媽則希望我能專為她詳細說明，因此即使是平日我也必須四處奔走。

也就是說，從週一到週日基本上是毫無休假可言，腦袋想的都是如何提升我的業績。

當時我一直認為，每天這麼忙碌，根本沒有時間去拓展人脈或是和朋友見面。

於是，八年當中我完全息交絕游，整個心思都放在我的業務上。

結果是我的業務蒸蒸日上，讓我登上業務經理的職位，並且創下卓越的佳績。

而且我也由工作當中建構我的專業知識，一點一滴讓自己成為可以幫助別人的人。

就在這個時候，發生了一件趣事。
我的努力終於有了卓越的成果，並獲得別人的賞識，讓自己成為對別人有助益的人，於是到了2003年4月，我開始考慮解放被我禁錮已久的社交領域。
八年當中，我一步一腳印所累積的都是高水準的人脈。
過去的我根本不可能和這些人談話，如今卻可以和這些特立獨行的企業家侃侃而談，而且也能吸引到他們對我的另眼相看。
這全然是因為當我全神貫注於工作時，也在不知不覺當中讓自己逐步成長。
也就是說，自己主動追求夢想並有所行動，也是拓展人脈的手法之一。
不過，一定要謹記在心的是，必須在自己的工作領域有所專研，讓自己不斷成長，並且一步一腳印的走向更高的水準。
由這段人生歷練當中，我得到的結論是：
「每個人的身邊一定有一群和自己水準相當的人，
如果希望拓展高水準的人脈，先決條件就是
在自己的工作領域上專研與專精（即使是非常狹隘的工作領域也一樣）。」

Lesson

俗話說「物以類聚」，如果想要拓展高水準的人脈，先決條件就是在自己的工作領域上提升自己的能力！

自我表現術——用言詞來表現自己的價值

拓展人脈時，「自我表現」是非常重要的，也就是讓別人知道你的存在、你的努力。

你不說出來，根本就沒有人會知道。

靠「氣氛」、「形象」、「印象」來表現自我已經是十幾年前的事了。

所以，**必須靠著言詞來告訴別人「我是一個怎樣的人」或是「支持我將可使你獲得何種報酬」**，這是讓別人了解你的第一步。

我想請問各位的是，當你遇到別人的時候，是否能夠侃侃說出表現自我的言詞呢？

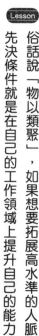

如果因為自己過度緊張，想開口說話的時候，腦袋卻一片空白，根本說不出任何一句話，最後卻說了一堆無厘頭的話，只會讓人覺得冒冒失失、很不禮貌，結果留下不好的印象……。

因此，有機會和別人碰面的時候，絕對避免毫無準備就赴約。

我自己就深深感覺到，如果我有機會和崇拜的對象見面時，一定要讓自己擁有30秒充分表現自我的時間，否則我就會覺得即將喪失難得的機會。

1秒鐘展現個人魅力，30秒表現自我

在我還是公司職員，尚未出書的時候，正巧有機會參加一場與出版有關的宴會。

在會場中，除了我非常景仰的作者之外，席上還有一位大名鼎鼎的總編。

我立刻發現這是一次千載難逢的機會，可以進一步拓展出版方面的人脈。

但是正當我有這個念頭的時候，一陣驚悸閃過心頭。

我突然發現到自己只是一位名不見經傳的平凡人，從未成為眾人矚目的焦點。

「怎麼辦？我該怎麼做呢？」

我在內心不斷思考著。

任何一種商品都需要一個名稱，沒有名稱根本就露不了臉。

但是，光有名稱還是不夠的！

希望讓別人謹記在心的話，一定要有一個廣告詞或廣告單來充分表現出商品特色，讓別人留下深刻印象。

人也如同商品一般，需要有鮮明的廣告單或廣告詞來表現自我。

經過一番努力思考之後，我終於想出**「30秒自我介紹」**的台詞。

為了讓對方留下深刻印象，並讓對方認同你的價值，同時也讓對方主動向你接近的話，首先就要掌握以下幾項原則。

1 站在對方的視野範圍時，1秒之內讓對方發現你的存在（利用名片或照片等等）。

2 用電話聯絡時，10秒之內讓對方知道你的存在（邀約見面並留下電話）。

3 直接和對方見面時，30秒之內表現自我。

超過以上的時間的話，將會讓對方感到厭煩。
以現實條件而言，絕對不宜超過30秒以上，接近一分鐘的話，對方將會認定你是一個「長舌婦」或「長舌男」。

Lesson
一定要把時間掌握在1秒、10秒、30秒以內，才是成功的重要原則。

無法用言詞表現的話，就無法讓對方謹記在心

其次請務必記住以下這一點。
「只有詞彙才能夠讓人記住，也唯有詞彙才能夠讓人連想起來。」
例如「巴夫洛夫的狗」就是最令人記憶深刻的一個故事。
巴夫洛夫（IvanPetrovichPavlov俄國的心理學家）在取出食物餵狗之前，一定先搖鈴，久而久之只要一聽到鈴聲，狗就開始流口水，這種反應就稱為「制約反應」。

但是，這個「制約反應」如果缺少了那條狗來陪襯這個故事，恐怕很難廣為流傳，甚至根本沒有人知道有這個理論。

換句話說，**如果希望別人記住一長串的故事，就必須有一個容易脫口而出的「關鍵字」或「廣告詞」**。

這個道理也可以運用在人的身上。

我們應該為自己想一個簡單易懂的自我介紹的詞令，告訴別人有關自己的生平、想法以及對世人的貢獻。

根據我們所介紹的這些詞彙，就可以讓對方記住我們。

例如：

「原來他就是大名鼎鼎的總編，二十幾歲就創下兩百萬本的銷售記錄！」

「他是業務部的頂尖業務員A先生！」

「他是最年輕的○○獎的得主B先生！」

「他是幼稚園到大學從未遲到或缺課的C先生！」

從這些詞彙就可以讓人謹記在心，並可以傳達給其他人。

所以，每個人都應該準備一份用來表現自我的詞彙或廣告詞，簡短又可讓人印象深刻正是創造人脈的第一步。

自從我開發出「30秒自我介紹」的內容之後，就可以輕鬆自如的和別人攀談。

並且也可以像往常一樣輕鬆自如的表現自己。

即使面對不同的對象，也不需要更換自我介紹的用詞。

接下來就要談到自我介紹的具體訣竅。

「10秒＋10秒＋10秒」的致勝關鍵！30秒自我介紹術

「吉野式自我介紹」具有三種目的。

【「吉野式自我介紹」的目的】

1 首先要讓對方對你感興趣

2 讓對方想進一步認識你

3 讓對方為你著迷

每個人終其一生必須接觸到許多人。

想和誰交往或是不想和誰交往都是你的選擇。

尤其是成功者或事業有成的人，他所見過的人更是多不勝數，為了在第一時間就讓他對你留下深刻印象，一定要在很短的時間內製造你的影響力。

為了達到以上三個目的，在自我介紹時一定要包含以下三種要素。

1 說出自己的「優點」↓引發對方對你感興趣
2 說出自己可以提供的「價值與貢獻」↓讓對方想進一步認識你
3 說出自己的「志向」↓讓對方為你著迷

這三個要素當中，每十秒就必須完成一項。

你可能會懷疑，「十秒可以說這麼多嗎？」

你大可放一百二十個心，因為一秒大概可以說六個字。

十秒就可以說六十個字，所以絕對沒有問題。

30秒可以說180個字，這些字數已經可以詳細地介紹自己了。

而且平常就要準備好**「30秒自我介紹」**，才不會臨陣慌了手腳。

請把173頁的「自我介紹單」加以影印，寫出介紹自己的內容，大聲唸出來，直到完全熟練為止。

這就跟武士上戰場之前，一定要先磨刀的道理是一樣的，凡事都要事先做好準備。做好自己個人的準備，才能在面對他人的時候，盡善盡美表現自我。

以下就來介紹一個自我介紹的例子。

「我擔任業務工作整整二十年，
我曾經把一個全新的業務部門，
在五年之內業績成長五倍。」

這個內容就是用來談到**自己的「優點」**。

一說到這裡，對方的視線將會集中在我的臉上，並且通常會目瞪口呆，發出驚嘆聲，同時身體向後傾斜二十公分左右。

這就表示他開始對我感興趣。

接下來的內容是：

「憑著過去推展業務的手腕與專業知識，為大小企業舉辦講習或營業方面的研討課程，幫助他們提升業績。」

這個內容是用來表達自己可以提供的「價值與貢獻」。

當對方正以狐疑的眼光注視我，腦袋裡則想著我能為他提供怎樣的服務的時候，如果我沒有具體談到我能為他做什麼的話，這段談話就等於白搭，根本沒有任何交集。

最後，我的結語是：

「我最大的目標就是『改變日本的業務現況』，推廣一種任何人都可輕易做到、既可以打動人心又不會增加彼此壓力的業務手段。」

這段話用來表達**我的「志向」**。

藉由這段30秒的談話當中，別人就可以知道「這個人是個怎樣的人？有過怎樣的經歷」，同時也知道「這個人計劃做什麼事？」讓彼此找到話題交集，又因為一開始就開誠布公，讓對方感到放心。

Lesson
準備一份30秒自我介紹的內容，精確表達自己的「優點」、「價值與貢獻」與「志向」。

利用「30秒自我介紹」才能夠開啟好運

我就是厲行這個「30秒自我介紹」，才能夠逐一拓展人脈。

如果我沒有厲行這個「30秒自我介紹」，將沒有今天的我……，這是我經常想到的一件事。

當我還是企業員工時，對於出書很感興趣，曾經參加一場出版研討會。

出席那場研討會的人包括有：以後想要出書的人以及希望藉由這場研討會來擴展業務的公司負責人。

也就是說，這場研討會將會聚集許多我非常崇拜嚮往的人士。

研討會結束後，許多人紛紛走到講台前，一一和講師交換名片。

人數約有二十人。

每個人都是小聲報上自己的姓名，遞出自己的名片之後，又小心翼翼接過講師的名片。

看到這個場景，我突然心有所感。

「他們簡直是在收集名片而已，只拿到名片而沒有直接溝通聯繫有什麼用呢？這麼難得的機會，起碼也要交談幾句或提出問題。」

接下來我又持續觀察，果然又發現到有趣的現象。

講師在交換名片的時候，一直都是坐在位子上，而且完全沒有抬頭看看對方。

難道這名講師對這種交換名片的戲碼已經興趣缺缺？他的表情看起就像是：這場研討會只會讓自己拿到更多陌生人的名片，自己的名片也會減少……。

我有點同情這位行禮如儀的講師。

突然一道念頭閃過，我決定來一場有趣的遊戲。

這場遊戲就是，如果我能讓這名講師在和我交換名片的時候，抬頭望著我的話，就表示我贏得這場遊戲。

贏得講師的注目

於是我立刻加入排隊的隊伍。

講師和每個人交換名片的時候，依然沒有抬頭看對方。

接下來就輪到我上場了。

我在遞出名片的時候，運用到我早就準備好的「30秒自我介紹」。

第一句話就是先提到我的「優點」。

「我擔任業務工作整整二十年，我曾經把一個全新的業務部門，在5年之內業績成長20倍。」

就在這個時候，講師口中發出「哦……」，然後抬頭望著我（這是他第一次抬頭看著和他交換名片的人）。

接著他又說：「真厲害呀！」同時把頭部向後傾斜20公分左右。（我的內心閃出一道光芒！）

接下來我還是很平靜的說出第二個10秒的「貢獻」和第三個10秒的「志向」。

30秒的自我介紹讓他對我留下深刻記憶，臉上的表情似乎顯示出「這個人很有趣，真希望能夠和她一起合作！」

他注視著我，對我說：

「妳出書的話，一定很暢銷！絕對會暢銷！」

這位講師就是當前日本很有份量的出版商D先生。

D先生當時是以「毒舌」、「說話難聽」而聞名，他居然對我說：「妳出書的話，一定很暢銷！絕對會暢銷！」

這句話讓我有一股躍躍欲試的勇氣，很想好好闖一下。

交換名片之後，我就藉由這張名片開始和D先生接觸。

我並沒有耗費太多時間，D先生就決定幫我出版書籍。

因為在那30秒的自我介紹當中，D先生了解到我從事的工作，並且也對我留下深刻印象。

而且我們也只花費兩個小時，在六本木「Hills俱樂部」討論過一次，就決定了出書的方向。

當時我決定要出版的是「如何利用電話行銷來推銷沒有具體形狀的商品」。

「這個書名很有趣！」

D先生只對我說這句話，就完全由我自己決定內容走向，最後順利出書。

這本書就是後來成為暢銷書籍的「沒有商品也能賣的電話行銷術」（鑽石社）。

直到現在我還是會經常想到一件事。

如果我沒有事先準備好「30秒自我介紹」，將會是何種情況呢？

「30秒自我介紹」的要領

1 說出自己的「優點」 → 引發對方對你感興趣

10秒

「我擔任業務工作整整二十年，
我曾經把一個全新的業務部門，
在五年之內業績成長五倍。」

2 說出自己可以提供的「價值與貢獻」

→ 讓對方想要進一步認識你

10秒

「憑著過去推展業務的手腕與專業知識，
為大小企業舉辦講習或營業方面的研討課程，
幫助他們提升業績。」

3 說出自己的「志向」 → 讓對方為你著迷

10秒

「我最大的目標就是『改變日本的業務現況』，
推廣一種任何都可輕易做到、既可以打動人心
又不會增加彼此壓力的業務手段。」

假設我還是有機會和D先生碰面的話，或許根本沒有機會讓他留下深刻印象，也無法和他有進一步的接觸，我的人生可能又是另一番景況。

正因為那段「30秒自我介紹」，讓我和他的瞬間碰面並不只是「接觸」而已，而且還產生一輩子的關係。

如果沒有那段「30秒自我介紹」，我可能就此喪失千載難逢的機會。

「30秒自我介紹」的驚奇威力

原本我是以遊戲的心態，在交換名片時來一段早已準備好的自我介紹。當我深知這個自我介紹的威力之後，我就嘗試運用在其他方面。

這一次是運用在暢銷作家S先生的簽書會上。

許多女性打開剛買的新書，排隊等著讓S先生簽名。

這一次，我把自己精心打扮一番，讓自己更有屬於自己的味道。

因為這是唯一一次可以直接面對S先生的大好機會。

所以我當然要把自己裝扮得更加出色，絕對不可以蓬頭垢面與隨便穿著。

但是，當天出席的每位女性都是精心打扮。

因此，光是打扮得光鮮亮麗並不能讓自己顯得突出，也無法令對方留下深刻印象。

於是我又進一步仔細觀察，又發現到一件事。

S先生接過每個人的新書並一一簽名，但是卻沒有人跟他交換名片，他也不曾抬頭看著對方。

S先生從頭到尾都是低著頭專心簽名，宛如輸送帶的流程一般精準。

即使如此，我還是很想挑戰一下。

對了！我要讓S先生抬頭看我！

我要讓S先生清清楚楚的記著我！

而且我還要S先生願意幫助我！

輪到我上場的時候，我遞出名片，同時來一段「30秒自我介紹」。

這一次的「30秒自我介紹」依然發揮無與倫比的效果！S先生抬頭注視著我，對我說：

「很好！妳一定會完成妳的夢想。下次妳出書的時候，請妳一定要幫我簽名。」

S先生所說的話完全應驗了，而且也因為這段緣份，我報名參加S先生開辦的證照課程，後來更成為證照課程的講師。

Lesson

30秒自我介紹可以將瞬間的碰面轉變為一輩子的關係。

絕對避免「窮追猛打」

由前面所談的內容當中，你是否認為想要拓展人脈，最大的前提就是「做好最周詳的準備」？

沒錯！「採取行動」固然很重要，但是也絕對不能「窮追猛打」。

抱持「窮追猛打」的心態去接觸別人是很不禮貌的。

拓展人脈絕不是玩兒童摔角，絕對不能採取窮追猛打的態度。

「機會」絕對不是偶然，而是由「必然」累積而成。

因此平時應該做好萬全的準備，當機會降臨時，才能夠適時抓住。

必須準備的項目之一就是「30秒自我介紹」。

一定要準備到可以倒背如流的程度。

其次就是要對所要接觸的對象了解得一清二楚之後，才可以正式去接觸。

越是有名的成功者，越容易受到別人主動接近。

我們必須勝過眾多競爭者才能夠雀屏中選。

我們不應該是「平凡的多數」，必須是其中的佼佼者才有機會出類拔粹。

如何成功拓展人脈

❶ 準備「30秒自我介紹」，
並且要做到倒背如流的程度

❷ 充分了解對方的全部資料後，才開始和對方接觸

絕對避免「窮追猛打」！
應該做好萬全準備，
來製造「機會」。

所以在和對方見面之前，最好先從對方的著作、雜誌的相關報導了解對方，或是從部落格、網站尋找有關他的資料。

Lesson

「機會」絕對不是偶然，
而是由「必然」累積而成，
因此平時應該做好萬全的準備。

如何準備「30秒自我介紹」？

以下就讓我們實際來準備「30秒自我介紹」。

大多數的人認為第一個10秒——說出自己的「優點」是最困難的項目。

「我好像沒什麼優點，怎麼辦才好呢？」

這是多數人的困擾。

其實這裡所說的「優點」，指的並不是「比別人優秀之處」。

應該說是「屬於自己的重要象徵」。

經過如此解釋之後，相信很多人就會在腦袋裡浮現出答案了吧！

我曾在研討會當中，請學員回答這個問題，以下就是他們的回答：

「我擁有比任何人都健康的身體與心靈，因為我在公司已經服務五年，從來不曾請假或遲到早退。」

「我是拿破崙希爾成功哲學的崇拜者，每天毫不間斷的練習『速聽』，因此我始終可以保持最高的幹勁，同事都認為只要有我在，大家一定幹勁十足。

上個月我又創下個人最高的工作記錄。」

「我喜愛寫作，尤其喜歡把優質的訊息寄給別人，自從開設部落格之後，我每天持續發表文章。來過我的部落格的人都會主動和我聯繫，所以結交到許多價值觀相近的朋友，讓我感覺很快樂。」

識人者人恆識之，自我精進者必有收穫

如果自我準備不夠，不僅無法順利拓展人脈，甚至可能受到別人的苛責。以下就來介紹一個類似的例子。

B先生擁有積極的個性，好勝心重，所以就顯得有點心浮氣燥。

這種個性其實也不能說完全不好，但是有時候還是很容易招致災難。

B先生和S先生有一個共同的朋友，他從朋友口中得知有關S先生的事。

S先生既是暢銷作家，又是成功的企業家，B先生對S先生極為仰慕，渴望能夠認

試著寫寫看！「自我介紹單」

10秒 1. 說出自己的「優點」

10秒 2. 說出自己的「價值與貢獻」

10秒 3. 說出自己的「志向」

※寫完之後，實際大聲唸出來，並且用碼錶確實記碌是否可在10秒鐘說完，一直練習到非常熟練為止。

識S先生。於是經由朋友的介紹，很快就可以和S先生見面。

B先生抱著雀躍的心情前往會見S先生，但是，見面沒多久就不知道該說什麼了。

因為他從來不曾看過S先生的任何一本著作。

S先生非常不悅的指責B先生說：

「你居然不曾讀過我的任何一本書！

你要見一個人的時候，最起碼也要讀過一本對方的代表性著作，並且充分了解他的價值觀與想法。

我覺得你要見的其實並不是我，而是隨便一個人都可以！」

B先生感到非常抱歉，回去後立刻購買S先生的著作，仔細閱讀之後還把讀後感想寄給S先生，但是聽說後來並沒有任何下文。

其實我也有過類似的經驗。

我經常接受面談、採訪或報章雜誌的邀稿，所以常常需要接觸到陌生人。有些人會讓我油然產生安心感，自覺一定可以和他愉快共事；但是有些人卻很快就讓我心生厭惡，不太願意和他繼續交談。

為什麼會有如此大的差異呢？

其中最大的因素是，我的內心有個很大的疑惑：

「對方對我的了解究竟有多少呢？」

我一向認為，要和我締結合作關係的人，最起碼要看過我的著作，或是從報章雜誌對我的報導當中充分了解我的看法。

總之，只會爭取碰面的機會，事前卻沒有做好了解對方的動作，我覺得這種做法太流於輕率。

因為相約見面必然會佔用彼此寶貴的時間。

所以一定要讓彼此的時間達到最有價值與最高效率的應用，以後才能夠繼續維持友好關係。想要達成這個目標的先決條件，**就是要徹底做好事前準備，才能夠從對方身上挖到寶，吸收到各種經驗。**

Lesson

事前做好萬全的準備，
才能夠讓彼此見面更具意義。

見面之後的談話方式

是否可以順利創造人脈，大約有三成的決定因素在於見面之前，七成在於談話技術，也就是見面之後能否順利展開話題暢快交談。

會話能力的優劣，將攸關第一次見面後是否能夠和對方繼續維持關係、能否贏得對方的歡心以及對方是否能夠對你提出建言。

以下是一般人常會遇到的問題。

「我已經和名人約好見面，但是我卻不知道該說什麼？」

「我應該如何打開話題呢……？」

「我不知道應該如何回應對方的問話。」

假如你希望**這次的見面能夠讓你和對方繼續保持關係**的話，請務必注意以下事項。

首先，**一定要先確認自己的目的**。

你的目的是整個過程都聽你一個人說話嗎？

當然不是！

前面一再說過，應該盡量讓對方說話，才能從談話中抓到重點，也才能聽到他對你的建言。

換言之，**最高超的談話竅門就是「豎耳傾聽」**。

傾聽的態度與反應，**將會影響到對方談話的內容、深度與廣度**。

所以，將傾聽的態度鍛鍊到爐火純青的程度，才能夠讓對方侃侃而談，也才能從對方的談話中獲益良多，對自己的成長也更有助益。此外，當然更能滿足對方的「力量的欲望」，更贏得對方對你的好感。

Lesson
第一次見面後是否能夠和對方繼續維持關係，大約有七成的因素在於談話技術；談話技術其實就是「傾聽的技術」。

絕對不能說的「7大禁語」！

長輩、見多識廣的人或德高望重的人願意開導你、對你提供意見，而且你也能夠接納的話，你就是最大的贏家。

有些人的身邊就擁有很多見多識廣的人，然而多年之後他依然沒有任何改變。

有些人在職場上明明就有優秀的上司教導他許多事務，他卻不願虛心接受，凡事為反對而反對。

或許他會認為這是自己所選擇的人生道路，但是看在我的眼裡，還是覺得這是他的損失。

我很仔細觀察這些人，發現到他們說話方式很特殊，說話技巧也不得體。

這些不討人喜歡、無法拓展人脈的人，他們經常會說的話大概可以歸納為以下七種，我將它們稱為「7大禁語」。

【7大禁語】

1 「你說的是這個啊！」

2 「這個我早就知道了～」
3 「我也是啊～」
4 「我以前就聽你說過了。」
5 「話是不錯，可是……」
6 「你是〇〇，所以對你來說當然很簡單啊！」
7 「您說的很有道理！」

以下就讓我們來檢視這幾句話。

禁語1 「你說的是這個啊！」

禁語2 「這個我早就知道了～」

我的朋友A是一名外科醫師，他曾經對我說過以下這件事。

B是他的助手，年紀很輕，所以他很想把他的經驗傳授給他，平常就會告訴他一些醫學上的專門技術與醫藥方面的資訊。

但是，每次教他的時候，B的回答是：

「你說的是這個啊！」

「這個我早就知道了～」

B的心態是自己的知識水平並沒有輸給A，也就是說，他要顯現的是「我很早就有這種知識了」。

A醫師原本是想把自己的一身本領傳授給他，但是一聽到他的回答，滿腔熱誠宛如被澆了一盆冷水，讓他不想再繼續這個話題。

其實B再怎麼知識淵博，他的學識與經驗絕對比不上A醫師。

因此，如果B願意耐心傾聽A醫師說的話，他一定可以獲益良多。沒想到他卻損失掉這些可以讓自己精進不少的機會。

各位會不會覺得B實在太可惜了呢？

如果B的回答能夠改成：

「真的嗎？原來是這樣啊！」

也就是以很感興趣的口氣加以附和，即使以前曾經聽過A醫師談過此事，也要告訴自己「**A醫師將會說出更有深度的內容，我一定要豎耳傾聽**」。

總之，和長輩談話時，絕對**不可露出「我早就知道」的口氣或神情，這種態度是毫無意義的。**

千萬別自抬身價，應該要隨時抱持好奇心，並且豎耳傾聽別人說話。

禁語3　「我也是啊～」

有事請教別人或希望從別人口中獲知某些訊息時，絕對要克制自己不說出這句話，尤其是女性最愛把這句話掛在嘴上，一定要特別注意。

當對方正開啟某個話題，而且也說得口沫橫飛，如果在這個時候正巧談到某種共通點的話，有些人就很愛插嘴說「我也是啊～」，然後就把話題切到自己身上。

對方正說到興頭上，卻被你半路攔截，當然就會打斷他的話題。

搶著說話只是滿足自我欲望而已，絕對不是你的目的。

切記，談話的主角應該是對方，一定要把自己說話的欲望吞下去，讓對方暢所欲言才是談話的最高準則。

禁語4 「我以前就聽你說過了。」

許多長輩很愛說經驗談，經常提及同樣的話題。

但是，用這句話來堵住長輩繼續說下去卻是非常不明智的。因為即使他說的是同一件事或相同的話，這次所要談論的卻可能是不同的話題或知識。

人活得越久，經驗會累積越多，知識也會越精進。

即使是相同的經驗談，也會隨著不同的談話時期而有不同的看法或不一樣的解釋。

所以，即使以前就聽說過，也不宜說出「我以前就聽你說過了」，應以更寬容的氣度聆聽，或許可以聽到不同的啟發。

禁語5 「話是不錯，可是……」

如果你的目的是要打斷對方說話，這句話就最恰當不過了。

這句話簡直就是正面否定對方的說法，告訴對方「我可不這麼想」。

但是，有些人卻把這句話當口頭禪，很輕易就脫口說出來，其實並沒有特別的含義。

別人每說一句話，就插口說「話是不錯，可是……」，這種說法簡直就是完全否定對方。

拓展人脈或是和長輩交談時，絕對避免這類口頭禪，否則將會造成不好的效果。

禁語6 「你是〇〇〇，所以對你來說當然很簡單啊！」

當我向別人提出建議時，一旦聽到對方這樣的回答，往往會讓我感到失望。

每次只要有人跟我說這句話，我就不想再跟他繼續交談下去。

越是事業有成的人，越討厭聽到這句話。

為什麼這句話很不中聽呢？

因為這句話隱含著負面的情緒，也就是告訴對方「反正我是不可能辦得到的啦」。

對方原本很熱心的想傳授給你一些有益的意見，聽到這句話之後，恐怕會讓他產生下述的想法。

「這種人一開始就認為自己做不到，那麼根本就不需要再教他了。既然要來向我請益，就應該具備化不可能為可能的挑戰精神，否則免談！」

總之，有事想要請教高手的時候，一定要完全聽取對方的意見，並且矢志努力不懈直到成功為止，這才是應該具備的基本態度。

禁語7 「您說的很有道理！」

面對長輩或名人時，多數人都會感到緊張，有的甚至擔心自己說錯話，因此說起話來就有點張口結舌，不知如何應對。

說話有點結巴倒也沒關係，最怕的就是過度使用「敬語」或用語過度咬文嚼字，反而會讓人感到不自在。

我也很反對使用過度粗俗的詞令，但是過度尊敬的用語或過度咬文嚼字反而會讓人覺得「禮多必詐」，讓彼此形成一道無形的隔閡。

每當聽到有人必恭必敬的對我說「您說的很有道理」，我差點就忍不住笑出來，心想「都什麼時代了，還用這種老掉牙的詞令」。

這句話具有很大的殺傷力，常常會讓彼此無法繼續交談下去。

這句話甚至也隱含沒有把對方的話聽進去，只是藉此來敷衍了事一番的意味。

如果希望對方說得滔滔不絕，並且能夠從對方的談話中有所收益的話，就要避免過度使用「敬語」或過度咬文嚼字。

7大禁語

禁語 1.「你說的是這個啊！」

禁語 2.「這個我早就知道了～」

和長輩談話時，絕對不可露出「我早就知道」的口氣或神情，這種態度是毫無意義的。應該要隨時抱持好奇心，並且豎耳傾聽別人說話。

禁語 3.「我也是啊～」

談話的主角應該是對方，一定要把自己說話的欲望吞下去，讓對方暢所欲言才是談話的最高準則。

禁語 4.「我以前就聽你說過了。」

即使是相同的經驗談，也會隨著不同的談話的時期而有不同的看法或不一樣的解釋。所以，應以更寬容的氣度聆聽，或許可以聽到不同的啟發。

禁語 5.「話是不錯，可是……」

如果你的目的是要打斷對方說話，那麼這句話是最恰當不過了。千萬別把這句話當做口頭禪。

禁語 6.「你是○○○，所以對你來說當然很簡單啊！」

越是事業有成的人，越討厭聽到這句話。有事想要請教高手的時候，一定要完全聽取對方的意見，並且矢志努力不懈直到成功為止，這才是應該具備的基本態度。

禁語 7.「您說的很有道理！」

過度使用「敬語」或用語過度咬文嚼字，反而會讓人感到不自在，無法繼續交談下去。

Lesson

機會稍縱即逝，所以，絕對不說「7大禁語」！

受人疼愛者必備的5大特徵

有些人很受長輩疼愛，不論遇到什麼事情都會向長輩請益，讓自己可以不斷成長。這種人一定具備以下5大特徵。

【受人疼愛者必備的5大特徵】

1 擁有遠大志向
2 熱心
3 擅長點頭
4 超級自信
5 勤於做筆記

擁有遠大志向是受人疼愛的首要條件。

立定志向才會有動力，自然就擁有高人一等的幹勁，**做事也更積極，也更熱心**。

為什麼這種人比較會受到成功者的疼愛呢？答案是：成功者多數都是屬於這種類型。

有些成功者甚至會脫口說出這樣的話：

「我好像看到以前的自己！」

一般人都喜歡和自己同類型的人，所以，為了讓自己受人疼愛，也為了讓自己踏出成功的第一步，首先就要擁有「遠大的志向」。

其次就是別人說話時，一定要不停點頭示意，也就是要做一個**「好聽眾」**，以積極的態度聽別人說話。

聽別人說話絕對不是「被動」的行為。

一流的業務員聽別人說話時，通常都是點頭如搗蒜，這樣才能夠讓對方侃侃而談，進而從其中獲知不少訊息。

聽到別人的經驗談時，有的人會自暴自棄的認為「這種事我一定做不來，對我來說實在太勉強了」，但是有的人則會積極地認為「這種事我一定辦得到！我要試試看，一定可以成功的！」

兩者的看法截然不同，而且他們的想法也一定會傳達給對方。

所謂「成功者」，就是將不可能化為可能的人。

因此，面對成功者的時候，自己一定要**先拿掉「不可能」、「我辦不到」、「因為你太特別了」等三種說詞，也就是要以超級積極的態度**去面對成功者。

最後一點就是**「勤於做筆記」**，也就是要記得對方說的每一句話，讓對方感受到你很用心聆聽他說話的誠懇態度。

當我還是業務新手時，經理每次發表談話的時候，我都是必恭必敬的抄錄下來。即使是和同事一起飲酒作樂也不改這個習慣。

每當經理在工作上有所指示時，我一定會說：

「經理，請等一下，
我想把它抄下來，
能否請你再說一次。」

我把經理的話抄錄下來之後，就成為自己的至理名言，不僅讓自己有所成長，更因此晉身為頂尖業務員。

我所說的筆記當然也包括事前做好準備用的筆記。

許多人在面對名人或自己的偶像時，往往會緊張得不知道該說什麼話，或是該提出什麼問題。

我有一個很好的方法。

那就是**把想要說的話或想要提出的問題，事先寫在筆記本上**。

如此一來，就不怕遺漏了重點，也可以藉此表示對對方的尊重，讓對方知道你很重視這次的會面，也可以讓對方對你留下深刻印象。

總之，事前做好重點筆記或是當場抄寫筆紀，可以讓你累積許多有用的經驗。也表示你很重視和對方會面的時間。

所以，如果希望吸收到成功者的經驗，讓自己不斷成長的話，一定要具備這5項特徵。

Lesson
具備「受人疼愛的5大特徵」，讓雙方的見面達到最高成效！

附和對方才能夠讓談話漸入佳境！

和別人談話時，適時的附和可以讓彼此的交談漸入佳境，甚至可以讓對方暢所欲言，讓你挖到不少寶。

有人曾經問我一個問題。

「和成功者交談時，應該說什麼？應該問什麼呢？

當他說話時，我沉默不語又有點奇怪，請問我該採取什麼態度？」

我們先來談談整個「方向性」。

成功者究竟是怎樣的人呢？

前面我已經一再談過，成功者就是擁有強烈的「力量欲望」的人。

「力量欲望」其實就是一種自我表現的欲望，也就是希望受到他人的認同，獲得別人的敬重。

因此，和成功者談話時，首先就要**設法滿足對方的「力量欲望」**。

只要能夠掌握這一點的話，成功者必然會對你感到滿意，同時可以讓整個談話氣氛更輕鬆順暢。

反之，如果只顧自己暢所欲言，完全不懂得滿足成功者的「力量欲望」，對方將會認為你是一個「傲慢的傢伙」，結果反而是入寶山空手而回，無法從成功者口中聽到許多寶貴的經驗。

為了在談話中滿足對方的「力量欲望」，我特別開發出「SOS說話術」。我把和長輩聊天時經常用到的詞彙加以整理之後，發現這三句是我最常說的話。

讓對方滿意的「SOS說話術」

所謂「SOS說話術」就是以下三句。

「太厲害了！」（SUGOI）
「你一定要告訴我！」（OSIETEKUDASAI）
「你果真是箇中高手！」（SASUGA）

每當對方侃侃而談時，我一定專心傾聽，同時**適時的說出這三句話：「太厲害了」、「你一定要告訴我」、「你果真是箇中高手」**。

我很自然就脫口說出這三句，後來才發現這簡直是我的口頭禪。

這些回話方式可以讓談話氣氛漸入佳境，對方更容易暢所欲言，讓彼此都沉浸在愉悅的情境當中。

後來我經常運用這種談話技巧，果然每次都奏效。

我認識一位壽險業的佼佼者，他的業績是頂級業務員的六倍以上，他就是大阪的石本導彥先生。

在我和他的談話當中，他就經常對我說：**「太厲害了」、「妳一定要告訴我妳是怎麼做到的」、「吉野小姐，你果真是箇中高手」**。

我覺得他是在很自然的情緒之下對我說出這些話，絕非矯揉造作。

其實石本先生在大阪一帶的人脈非常廣，而且認識的都是企業界的頂尖人物。

石本先生可以說是一位努力不懈的謙謙君子。

他的每一句話都是出自真心，絕非毫無意義的吹捧。

內心所想的一定要化成詞令說出來，別人才會了解。

所以，各位不妨也**嘗試使用這個「SOS說話術」，來表現自己對對方的敬意。**

如此一來，必能讓你順利從對方口中獲得你想要的資訊或靈感。

Lesson

使用「SOS說話術」，可以讓談話氣氛漸入佳境，讓對方更暢所欲言。

第6章

全力拓展人脈！吉野式研討會（宴會）成功術

吉野式研討會成功術

想要拓展公司以外的人脈的話，第一個浮出腦袋的就是參加研討會。

參加研討會或課程不僅要繳錢，還要花時間，但是，只要懂得有效利用這些機會，將會獲得意料之外的收穫。

首先，你要先確認的是**「我要和誰成為好朋友？」**

總共可分為三種：

第一個是講師。

當然要讓講師記得你，並從講師身上吸收各種知識。

第二就是參加研討會的人。

第三就是主辦單位。

參加研討會時，一定要掌握時間，確實採取行動。

以下就讓我詳細介紹參加研討會時，應該掌握哪些要領。

從挑選服裝開始

首先就是要精心考慮自己的裝扮。

即使是利用假日參加研討會，也要精心打扮，千萬別隨便穿著或一身邋遢，否則恐怕你會跟任何機會擦身而過。

通常我會配合講師的喜好來挑選服裝。

因為**看到一個和自己穿著品味相近的人，必定會吸引到他的注目。**

你可能會認為：「我怎麼可能知道講師的品味是什麼呢？」

很簡單，只要事先上網看看**講師的照片**即可。

只要仔細觀察必能有所收穫。

領帶、腰帶等小物品都使用名牌的話，表示他一定是名牌愛好者。

於是，我就會在身上佩帶比較醒目的名牌物品。

此外，如果從某些消息來源得知講師喜歡平價服裝，我就不會穿著整套的套裝，而是改為輕鬆的打扮。

如果講師喜歡樸素，通常我也會依照這種準則來選擇衣物。

再者，如果得知講師有特別**鍾愛的顏色**，例如紅色或黃色的話，也可以選擇這些色系的裝扮。

如果沒有色系方面的消息的話，我就選擇明亮色系或白色服裝。

絕大多數的日本人習慣全身暗色裝扮，所以一身亮色或白色將會讓自己更顯突出。

此外，**男性參加研討會的時候，服裝方面應注意以下幾點**。

1 避免穿著牛仔褲或T恤等休閒式服裝。

2 事前應該沐浴、洗頭髮、刷牙、刮鬍子、避免頭皮屑掉在肩膀上，全身要保持清潔。

3 一定要穿著外套。

研討會通常都在夜間或週末舉辦，所以不打領帶也無妨，但是**一定要穿著外套**，表示對講師的尊敬，也可以讓其他學員感到安心，並可藉此和別人建立起良好的人際關係。

總之，參加研討會的穿著並非用來「取悅自己」，而是要讓自己穿上「符合現場的服裝」。

過去我曾經很成功的運用這種要訣，並獲得很好的效果。

有一次，我參加了暢銷作家H先生的研討會。

事前我就打聽過H先生喜歡華麗的裝扮，尤其鍾愛名牌，所以，我就特地戴了一條非常醒目的香奈兒項鍊。

到了休息時間，我拿著書請H先生簽名。

「好漂亮的項鍊呢！妳看，我也很喜歡名牌。」H先生說。

H先生果然發現到我的項鍊，並且向我展示腰上的愛瑪仕皮帶。

S先生則是特愛華麗裝扮的女性，他曾經公開說過：

「參加我的研討會的時候，請大家務必把自己打扮得嬌豔美麗。」

所以，這時候絕對不能穿長褲，一定要穿裙子，而且務必選擇華麗的顏色。

事前一定要上美容院洗個頭，並且在穿著上一定要精心打扮得光鮮亮麗，讓每個人看到妳就知道妳是要參加盛大的宴會。

服裝是最容易展現自我的一種手段。

人體約有九成被衣服包住，所以當然要特別慎重。

此外，服裝可以製造話題，也可以成為談論的對象。

只要人與人之間擁有人性化的共同話題，就可以拉近彼此的距離。

更因為服裝可以讓彼此的話題得到更進一步的發展，所以參加研討會的時候，**請務必配合講師的品味來選擇穿著。**

Lesson

事前利用網路或各種方法蒐集情報，配合講師的品味來選擇穿著。

提前半小時抵達會場

參加研討會的時候，最好提早半小時抵達會場。

主要有兩個理由。

理由1　有機會和主辦者接觸，讓對方對你留下深刻印象

研討會即將開始之前，整個迎賓處一定是一片吵雜，彼此根本無法聊天說話；此外，研討會結束後，工作人員忙著收拾會場，當然又是一片亂哄哄。

如果能夠提前半小時抵達的話，工作人員才剛開始要著手準備，所以還有機會和他們聊聊天。

甚至也可以採取主動。

「需不需要我來幫忙呢？」

藉由這些動作，很可能就能聽到有關研討會的招生過程，以及關於講師的為人。

研討會即將展開之前，主辦單位通常都會繃緊神經著手準備，所以對於最早來的學員都會留下良好又深刻的印象。

理由2　為了可以坐在第一排正中央的位子

①最容易吸引講師的注意

最容易吸引講師注意的就是第一排正中央的位子。

其次，這個位子最能夠向講師投遞關愛的眼神，也就是告訴講師以下的訊息：

「在這個會場當中，我是你最死忠的粉絲，

我比任何人都還要認真的聽你講一字一句。」

這個位子最容易讓講師記住你，也最容易將你的反應傳遞給講師。

研討會開始之後，你就可以將「**炙熱的眼波**」不斷傳送給講師。

目不轉睛的注視講師，並且利用點頭、附和和微笑的方式來回應他所說的每句話。

尤其重要的是一定要隨手做筆記。

利用以上自我表現的方式，讓講師得知你是會場中最高級的聽眾。

講師也是普通人，如果會場上出現如此專注的學員，一定會吸引他的注意。

換言之，只要你以最良好的態度參與研討會的話，必能獨佔講師的注意力。

②有效運用休息時間

坐在第一排的中央位子還有另一個優點。

也就是一到中場休息時間，你就可以立刻從位子上起身，直接走到講台前向講師提問。

講師早就發現到你認真的聽課態度，所以，一看到你起身走向講台時，就更不會忽略掉。

對於你的問題，他一定非常專注的回答，讓你比別人更有收穫。所以，如果你希望從老師身上挖出更有價值的知識或資訊，中場休息時間是唯一可以利用的機會。

當然也別忘了事先準備好**「30秒自我介紹」**！

研討會結束之前，一定設計有交換名片的時段，學員排成一排和講師互換名片。

但是，跟著別人排在隊伍當中，很難讓自己顯得突出，通常只會讓講師留下模糊的印象。

所以，**最有效的方法就是抓住中場休息時間，直接找講師說話或交換名片**。

再者，如果講師曾經出過書的話，事先更要詳細閱讀書的內容，用螢光筆在書上做重點記號或夾上書籤，再**請講師在書上簽名**。

沒有一個人不疼惜自己精心製作的東西。

對作者而言，書就如同自己的小孩，如果自己的著作能夠吸引別人的注意，並且對別人可以達到具體幫助的話，是最讓他感到欣慰的。

接下來我還有另一個祕訣。

這時候，**我一定會拿出照相機，請講師和我一起合照。**

我的目的並非只是合照，**主要是為了事後可以根據講師名片上的電子郵件地址，把照片以及簡短的訊息寄給他。**

光是接到我的問候或訊息恐怕很難讓他聯想到我，只要看到我附寄的照片，就表示我比別人更往前踏出一步。

這個動作可以同時讓他記住我的長相和姓名。

參加研討會的時候如果坐在後面，中場休息時間根本無法走到講師面前，當然就喪失掉如此美好的機會了。

這個時間只有短短五分鐘。

但是，它所創造的效益卻是意想不到的。

Lesson

提早半小時抵達會場，最好的位子可以獲得最高的效益。

如何和學員互動讓自己有所收穫

研討會到了最後階段，通常都有一段讓學員提問的時間。

最後就是講師和學員互換名片的時間，這時候一定要記得去排隊。

而且**最好是排在隊伍的後面**。

你知道為什麼要這樣嗎？

因為在排隊等待的時候，你大概可以跟前後六個學員互相交換心得。

主動排隊想和講師互換名片的人，通常是知識水準較高、個性積極的菁英人士，甚至可能還會遇到網路或報章雜誌介紹過的名人。所以在排隊的時候，不妨用可讓前後幾個人聽到的音量和別人交談，通常可以形成一個小小的談話圈。

這時候務必確實執行「30秒自我介紹」，讓別人了解到「你是誰？你擅長什麼？」

研討會之後，如果還要做意見調查或針對學員進行錄影訪問的話，也一定要盡全力配合，討主辦單位的歡心。

也就是說，從研討會一開始到最後，要讓主辦單位感受到你的熱情，並且覺得都是因為有你，講師才能夠精神抖擻的上課，使整個研討會順暢進行。

接下來就是各自步上歸途了。通常都是以步行的方式走到附近的車站。這時候絕對不要獨自一個人走！

鎖定研討會當中受人矚目的、具有領袖個性的以及經常發問的人，很自然的和他邊走邊聊天。

這段邊走邊聊的時間就可以讓你獲益良多。

以下就是我的經驗之談。

某個研討會之後，我正要回家時，一位初見面的學員N先生走到我的身邊。他一邊聊著研討會的心得，同時和我一起步出會場。

我們繳了相同金額參加同一個研討會，所以彼此的價值觀有許多不謀而合之處，又因為心情很好，就邊走邊聊了起來。

正當我們聊得起勁的時候，不知不覺就走到地鐵車站。我搭上我要坐的班車，N先生也上了同一個車箱，然後我們又在同一個車站下車。

「咦？你也在這一站下車啊！」

經我這麼一問，N先生有點羞怯的對我說：

參加研討會的成功秘訣

秘訣 1　一定要精心打扮一番

事前利用網路或各種管道確認講師的穿著喜好，並盡量配合。

秘訣 2　提早半小時抵達會場

①和主辦單位的工作人員聊天，讓他們對你留下深刻印象。
②坐在第一排正中央的位子
・最容易吸引講師的注意
・可以利用中場休息時間提出問題、30秒自我介紹、交換名片、讓講師記得你。

秘訣 3　加強和其他學員的交流

研討會結束之後，排隊交換名片時，應把握機會和排隊的學員進行交流，很可能因此結交具有意義的人脈。回家時不妨和其他學員結伴同行。

「不是，我只顧著和妳聊天，不知不覺就坐過站了！」

彼此道別之後，N先生走往另一個月台。

這時候有個直覺告訴我，N先生並不住在附近，他一定是住在和我家完全相反的方向。

但是，他利用和我一起搭地鐵的時間，掌握住和我聊天的機會。

我非常佩服他這種鍥而不捨的精神，甚至連搭地鐵時間都不放過可以吸收知識的機會。

其實要效法他的精神並不難，重點就在於你肯不肯實際採取行動而已。

N先生所做的還不僅止於此而已。

研討會結束之後，他立刻發電子郵件給我，並且為我介紹一位對我很有助益的人士。

此外，N先生還親自幫我引見JAIFA（現在的壽險金融顧問協會）的會長吉田義隆先生，並因這項結緣，讓我得到JAIFA邀請我去演講的機會。

N先生凡事主動的態度，讓我學習到許多待人處事的精髓。

Lesson

交換名片時應該排在隊伍後面，回家路上最好和學員一起走。

研討會之後的後續動作，效果倍增！

參加過研討會之後，並不是一切就此結束。

從現在起才是真正的關鍵點。

第一步就是發電子郵件給講師。

郵件內容應該包括以下三項重點：

①有關研討會的感想

講師所講的內容當中，哪些讓你最有感觸？哪些是你最想做的？而且寫得越詳細越好。

②30秒自我介紹

在實際見面的時候當然就要運用到「30秒自我介紹」，在電子郵件中重提一次可以加深講師的印象。

或許可以因此讓講師認為可以和你成為某種合作關係。

③把合照的照片寄給講師

前面已經提過，同時把合照的照片寄給講師的話，更容易喚起他的記憶，也可以加深他對郵件的記憶。

總結　吉野式研討會（宴會）成功術

事前準備

①取得講師的著作，事先仔細閱讀，用螢光筆做記號或寫上心得與附註。

②從網路或各種管道確認講師的穿著喜好。

研討會當天

①配合講師的穿著喜好為自己精心打扮一番。

②提前半小時抵達會場。

③和主辦單位寒暄一番。

④坐在第一排正中央的位子。

⑤利用中場休息時間走到講師面前請教問題。

⑥請講師在書上簽名。

⑦交換名片，並進行「30秒自我介紹」

研討會一結束

①排在交換名片的隊伍後面，找機會和排隊的學員聊天

②和表現突出的學員一起走在回家的路上，若能一起搭電車更能延伸彼此交流。

研討會結束後的72小時以內

①寄電子郵件（附上合照）給講師

②寄電子郵件給其他學員，開啟彼此的交流。

③如果有值得介紹給其他人認識的人選，不妨主動加以撮合。

72小時之內，一定要把包含這三個重點的電子郵件發給講師。

通常都可以在不久之後獲得對方的回函。

如此一來，就開啟了彼此交流的第一步。

接下來，我還要傳授一項秘技給各位，請你務必謹記在心。

參加一次研討會其實還只能算是揭開序幕而已。

回家之後，應該立刻搜尋這位講師在近期內是否還舉辦其他的研討會，有的話就立刻報名參加。

同樣的，還是要坐在第一排正中央的位子……。

如此一來，更能夠加深講師對你的印象。

我曾經利用這個方法，連續兩週參加箱田忠昭老師的研討會，並且很幸運的可以當面請教他許多問題。

> **Lesson**
>
> ①有關研討會的感想、②30秒自我介紹、③把合照的照片寄給講師。72小時之內，一定要把包含這三個重點的電子郵件發給講師。

吉野式宴會成功術——7種習慣

參加宴會的目的無非就是認識別人。而且這些人必須是將來彼此可以互相協助，或是可以藉由對方的力量讓自己獲得成長。

因此，如果可以選擇的話，當然要選擇可以自由走動、自由取用食物或飲料的自助式宴會。如果是圍桌式的宴會，恐怕就只能和身旁的人互動而已，浪費了這個難得的聚餐機會。

接著就來介紹參加宴會認識人脈的成功術，這是我從二十幾歲就開始實踐的**「7種習慣」**。

吉野式宴會成功術——7種習慣

1 選擇可穿3個小時以上也不會腳酸的鞋子
2 服裝穿著應該充分表現自我形象
3 絕對避免在又飢又渴的狀態下前往

4 最好端著一杯酒或茶
5 自己主動和周遭的人打招呼
6 避免只和同事互動
7 主動聯繫有影響力的人，並和他一起行動

習慣1　選擇可穿3個小時以上也不會腳酸的鞋子

參加這類宴會時，通常是從頭站到尾，少有坐下來的時候。即使站到腳酸也絕不能露出痛苦的表情，一旦東張西望想找個椅子休息的話，恐怕會遺漏掉認識重要人物的機會。

因此，鞋子非常重要。

參加宴會通常都是站著，所以彼此都只會注意到上半身，穿著漂亮的細跟高跟鞋恐怕只會自討苦吃。

不過也不能因此就穿得太隨便。總之，**不論男性或女性，都應該以舒服不打腳的鞋子為優先選擇。**

習慣2　服裝穿著應該充分表現自我形象

服裝與外表佔整體印象的九成。

所以，最好讓別人由你的穿著就能夠連想到你。

如果你從事的是知性方面的工作，就由你的服裝來表現你自己。

如果希望自己在別人眼中是很「直率」的話，不妨就穿得輕鬆休閒一些。

如果希望自己在別人眼中是「性感美女」的話，就盡量朝這個方向去打扮。

穿著打扮的秘訣不在於「自己喜歡」或是「我想這樣穿」，而是應該表現出自己所要的「形象」。

習慣3　絕對避免在又飢又渴的狀態下赴宴

很多人一到宴會地點，就急著拿起啤酒猛喝或是抓著食物猛吃，彷彿要立刻補足工作上所耗費掉的體力一般。

拿著餐盤排隊等候取食的姿勢並不美麗。

不只是這樣而已。

當你忙著排隊拿取食物的時候，就遺漏掉不少認識重要人物的機會……。

22歲的我的第一份工作是保險公司，當時的經理曾經教導我一件事——參加宴會時絕對不要急著拿取食物。

但是，如果是下班後匆匆忙忙趕去宴會地點的話，不吃東西一定會餓啊！

其實很簡單。

就是先到便利商店買個飯糰或保特瓶裝的飲料，並且在趕往會場的車程中就先稍微充飢一下。

肚子稍微填了一點食物之後，就不會滿腦子都是食物，而且如果一到會場就拿起酒杯的話，也不會因為空腹喝酒而容易酒醉。

習慣4 最好端著一杯酒或茶

基本上最好避免喝酒。

雖然我有點酒量，不過參加宴會時，通常我都是手拿烏龍茶的杯子，集中精神尋找可以聊天的對象或話題。

我之所以手拿茶杯，是因為有些人並不喜歡和酒量好的人打交道。

如果我拿的是酒杯的話，一定會配合我的服裝來選擇酒的種類。

最重要的是我絕對滴酒不沾，只是做做樣子而已。

手拿酒杯的話，就會讓自己產生「很開放」的形象。

穿著深色衣物時，我就拿紅酒，可以讓自己更顯豔麗。

穿著淡色衣物時，我就拿白酒，我的理由是把酒打翻時比較好處理。

習慣5　自己主動和周遭的人寒暄打招呼

有些人看起來其貌不揚，卻可能經歷顯赫。

所以，千萬別「有眼不識泰山」，事後才得知對方大有來頭恐怕就後悔莫及了。

如果你生性比較怕生，最好事先想好寒暄打招呼的詞令，以免一到會場就呆若木雞。

總之，應該主動和周遭的人寒暄打招呼。

習慣6　避免只和同事互動

如果一直都是三、四個人聚在一起聊天的話，別人將很難插入。

即使你是一個魅力十足的人，**別人也會認為你很難親近**，因此，和多位同事一起參加宴會的時候，絕對避免一起行動。
最好是單獨行動，最多也不宜超過兩個人。

習慣7　主動靠近有影響力的人，並和他一起行動

這樣才能夠經由對方的介紹，認識到平常根本不可能認識的人。

主動靠近宴會上有頭有臉的人物（不是主辦者），和他一起行動，就有機會經由他的介紹認識其他人。

這是最重要的一點。

這個時候絕對避免過度突顯自己，也不可以處處搶他的風頭。

與其自己滔滔不絕的自我推銷，不如經由別人的嘴巴來介紹更具有效果。

也就是說，經由他人的介紹可以更提升你的內涵，也更強化你的價值。

以上所談的就是成功參加宴會的「7種習慣」，

如果照這些秘訣去做，而且獲得極佳效果的話，請你務必告訴我。

我很期待各位的回音。

Lesson

只要遵守「7種習慣」，就有機會在宴會中認識很多人。

【參考文獻】

『グラッサー博士の選択理論』W・グラッサー著　柿谷正期訳（アチーブメント出版）
中譯：「葛拉薩博士的選擇理論」W・葛拉薩的著作
『影響力の武器』ロバート・B・チャルディーニ著　社会行動研究会訳（誠信書房）
中譯：「影響力的武器」　羅伯特・B・查爾迪尼

PROFILE

吉野真由美

大阪教育大學附屬持田高中、同志社大學經濟學系畢業。曾經從事過壽險、電腦公司的業務，1994年進入全世界最大的幼兒英語教材開發販售公司，三個月就晉身為頂尖業務員。休完產假後，在一千兩百名的業務人員競賽中榮獲第一名。1997年進升為業務經理，五年當中業績成長20倍。2000年成立Telephone Appointment公司、市場顧問公司。2002年晉身為幼兒英語教材公司區域業務經理，是業務部門最高職務，在日本展開全國性業務組織，2004年全業務部門的業績一舉成長為二十億日圓，成為最年輕的區域處長。2005年10月，成立「行銷支援顧問股份有限公司」，擔任董事長一職，協助企業擴大業務組織與提升業績，為大小企業舉辦講習或業務方面的培訓課程，主要項目有：自我行銷、電話行銷、提高銷售動力課程、禮儀成長課程、經理培訓課程等等，獲得極高的評價與信任。

主要著作包括：「成功業務的成交話術方程式」、「沒有商品也能賣的電話行銷術」、「馬上提升7倍！魔法電話行銷的絕對法則」、「成功業務員必知的業務禮儀」等等。

◆ 辦公室應用叢書 ◆

商務報告書就該這樣寫

本書作者以淺顯易懂的方式，詳細的條列報告書的要件與構成，並且依照不同的情況撰寫適合的報告書。不論是商業往來書信、業務報告書、營業報表……等等，清楚的説明各種文書撰寫的要點，讓剛進入企業的新鮮人可以馬上進入狀況。

15×21cm　176頁　單色　定價250元

圖解超高效資料整理術

整理，乃是為了「孕育出新事物的破壞活動」。它和單純移動、放置場所的整頓（＝收拾）本質上是完全不同的。本書是從這一觀點出發，希望各位學會整理的基本動作，重新審視「所謂的整理是什麼」，相信必定可以讓您的工作或人生更具意義。

13×19cm　160頁　單色　定價180元

圖解超高效客訴處理術

沒有客服不了的問題！

強化客訴應對的能力，是企業在危機管理時不可或缺的優先課題。

遵循本書『魔力3步驟』，搭配簡明輕鬆的圖解，讓您迅速掌握有效的客訴處理流程，成為彈指轉化危機、散發專業魅力的客服人員！

13×19cm　176頁　雙色　定價200元

TITLE

超人脈術，遇見我的百萬美金貴人！

STAFF

出版　瑞昇文化事業股份有限公司
作者　吉野真由美
譯者　郭玉梅

總編輯　郭湘齡
責任編輯　闕韻哲
文字編輯　王瓊苹
美術編輯　朱哲宏
排版　靜思個人工作室
製版　明宏彩色照相製版股份有限公司
印刷　福霖印刷企業有限公司

戶名　瑞昇文化事業股份有限公司
劃撥帳號　19598343
地址　台北縣中和市景平路464巷2弄1-4號
電話　(02)2945-3191
傳真　(02)2945-3190
網址　www.rising-books.com.tw
Mail　resing@ms34.hinet.net

初版日期　2009年10月
定價　200元

國家圖書館出版品預行編目資料

超人脈術，遇見我的百萬美金貴人！ ／
吉野真由美作；郭玉梅譯.
-- 初版. -- 台北縣中和市：瑞昇文化，2009.10
224面；12.8×18.8公分

ISBN 978-957-526-888-6 (平裝)

1.人際關係　2.成功法

177.3　98018264